NOUVELLE REVUE HISTORIQUE

DE

DROIT FRANÇAIS ET ÉTRANGER

LA DATE DE L'ÉDIT DE SALVIUS JULIANUS

Par P. F. GIRARD

LIBRAIRIE
DE LA SOCIÉTÉ DU
RECUEIL SIREY
22, rue Soufflot, PARIS, 5e arrond.
L. LAROSE & L. TENIN, Directeurs

LA DATE

DE

L'ÉDIT DE SALVIUS JULIANUS (1)

On connaît les circonstances dans lesquelles l'édit prétorien fut codifié sous Hadrien par le célèbre jurisconsulte Salvius Julianus (2). Les édits d'entrée en charge, où les magistrats ro-

(1) Travail lu devant l'Académie des Inscriptions et Belles-Lettres à la séance du 3 décembre 1909 et inséré avec de courtes notes dans le *Journal des savants*, n° de janvier 1910, pp. 16-26. Il a reçu ici quelques additions et y a été muni d'un appareil complet de preuves et de renvois qui n'aurait pu trouver place ni dans notre lecture ni dans sa première publication.

(2) Cet événement est traité très sobrement dans les travaux historiques modernes sur Hadrien, même dans les plus récents et les meilleurs (six à sept lignes chez P. von Rohden dans Pauly-Wissowa, *Realencyclopädie*, I, 1, 1893, v° *Aelius*, n° 65, pp. 517 et 512; rien dans W. Weber, *Untersuchungen zur Geschichte des Kaisers Hadrianus*, 1907, ni dans Domaszewski, *Geschichte der römischen Kaiserzeit*, II, 1909, où les pp. 186-216, se rapportent au règne d'Hadrien, ni dans Niese, *Grundriss der römischen Geschichte*, 4, Aufl., 1910, où l'édit prétorien est traité à la p. 364). En revanche, il est étudié en détail dans tous les ouvrages de droit romain. V. les renvois dans Girard, *Textes de droit romain*, 3e éd., 1903, pp. 129-130 et *Manuel de droit romain*, 4e éd., 1906, pp. 52-55. On pourrait croire que

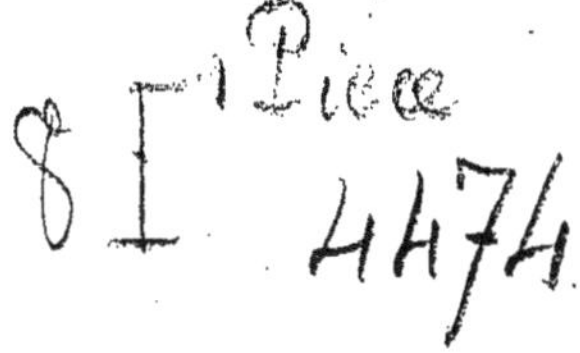

mains commis à l'administration de la justice, en particulier les préteurs urbains, annonçaient les règles qu'ils comptaient

les informations directes fournies sur lui par les sources sont fort abondantes en lisant la liste des renvois faits à son sujet à des constitutions impériales multiples, à Eutrope, à Aurelius Victor, à Paul Diacre, à Paeanius, à la chronique de saint Jérôme et à des ouvrages grecs et latins encore plus récents tels que les Basiliques, l'*Epitome legum* de 920 et l'*Historia miscella* de Landolfus Sagax. En réalité tous ces renseignements se ramènent à deux témoignages : 1° un témoignage émis incidemment à propos de Didius Julianus dans une histoire perdue des empereurs (par exemple celle dont les vestiges ont été relevés, par Enmann, *Philologus*, Suppl. IV, 1884, pp. 337-501 ; cf. Schanz, *Gesch. der römisch. Litteratur*, III, 1905, p. 84. IV, 1, 1904, p. 64 ; Lécrivain, *Etudes sur l'histoire auguste*, 1904, p. 423 ; H. Peter, *Berliner philol. Wochenschrift*, 1908, p. 789 ; Kornemann, *Klio*, VI, 1, 1906, p. 184, n. 6, etc.), d'où viennent, d'une part, avec une corruption rapportant à l'empereur ce qui était écrit du jurisconsulte, Aurelius Victor, *De Caesaribus*, 19, 1 (rec. Pichlmayr, Munich, 1892, p. 20) : *At Didius (an Salvius ?) Julianus... ex praefectura vigilum ad insignia dominatus processit. Genus ei nobile jurisque urbani praestans scientia ; quippe qui primus edictum, quod varie inconditeque a praetoribus promebatur, in ordinem composuit* et, d'autre part, Eutrope, *Brevarium*, 8, 17 : *Post eum Salvius Julianus rem publicam invasit vir nobilis et jure peritissimus, nepos Salvi Juliani qui sub divo Hadriano perpetuum composuit edictum* (sur la communauté d'origine des deux textes, v. Enmann, pp. 350 et 354 ; l'addition dans Paeanius, éd. Droysen d'Eutrope, *Mon. Germaniae, Auct. antiquiss.*, II, 1879, p. 147, après la traduction Ἰουλιανοῦ γὰρ ἔκγονος ἦν, ὅς τὸ διηνεκὲς διάταγμα τοῖς Ἀδριανοῦ χρόνοις συνέταξεν des mots ὃ μέχρι νῦν Ἀδριάνιον καλεῖται κατὰ τὴν τῶν Ἰταλῶν φωνὴν ἤδικτον περπέτουον n'est évidemment qu'une paraphrase, même en conservant Ἀδριάνιον que Mommsen efface avec vraisemblance). C'est le texte d'Eutrope où saint Jérôme a coupé les mots : *Salvius Julianus perpetuum composuit edictum* pour les placer dans sa chronique sous une année arbitrairement choisie du règne d'Hadrien (p. 15, n. 2) et que Paul Diacre a reproduit fidèlement dans son *Historia romana* (v. l'éd. Droysen d'Eutrope, pp. 146 et 316), tandis que Landolfus Sagax a, vers la fin du x° siècle, fait la substitution du temps d'Antonin (ou de Marc-Aurèle ?) à celui d'Hadrien faussement attribuée parfois à Paul Diacre en écrivant (éd. Droysen d'Eutrope, 9, p. 316 ; *Historia miscella*, ed. Eyssenhardt, 1869, 10, 20, p. 320) : *Qui sub divo Antonino perpetuum composuit edictum* ; 2° le témoignage de Justinien qui appelle Julien dans une constitution de 530, *C*, 4, 5, 10, 1, *Salvium Julianum summae auctoritatis hominem et praetorii edicti ordinatorem* et qui parle un peu plus explicitement de lui et de son édit dans les deux constitutions grecque et latine *de confirmatione digestorum*, la const. Δέδωκεν, § 18, où il dit à propos de l'interprétation du droit par le prince :..... καὶ πρός γε Ἀδριανος ὁ τῆς εὐσεβοῦς λήξεως ὅτε τὰ παρὰ τῶν πραιτόρων κατ' ἔτος ἕκαστον νομοθετούμενα ἐν βραχεῖ τινὶ

suivre dans l'accomplissement de leurs fonctions, étaient progressivement devenus, au cours du dernier siècle de la Répu-

συνῆγε βιβλίῳ, τόν κράτιστον Ἰουλιανὸν πρὸς τοῦτο παραλαβὼν κατὰ τὸν λόγον, ὃν ἐν κοινῷ διεξῆλθεν ἐπὶ τῆς πρεσβυτέρας Ῥώμης, αὐτὸ δὴ τοῦτο φησίν... et la const. *Tanta* (*C.*, 1, 17, 2), où il dit, au même propos dans le § 18 symétrique sans être aucunement identique (p. 18, n. 1) : ... *et ipse Julianus legum et edicti perpetui suptilissimus conditor in suis libris hoc rettulit... Et non ipse solus sed et divus Hadrianus in compositione edicti et senatus consulto, quod eam secutum est, hoc apertissime definivit.* C'est de là, croyons-nous, que viennent soit les passages de la préface des Basiliques (éd. Heimbach, I, 1833, p. XXI) et la scholie sur *D.*, 11, 2, 30 (éd. Heimbach, I, p. 700), soit le passage de l'*Epitome legum* de 920 publié par Klenze en 1835 (Zachariae, *Jus Graeco-Romanum*, II, 1856, p. 280), dans lequel on a cru trouver la révélation de l'existence d'un collaborateur de Julien nommé Servius Cornelius et d'autres indications précieuses sur le contenu de l'édit (Cuq, *Conseil des empereurs*, 1884, pp. 330-331 ; le même, *Institutions des Romains*, II, 1902, p. 33, n. 8 ; Voigt, *Römische Rechtsgeschichte*, II, 1899, p. 185 ; Stein dans Pauly-Wissowa, V, 1, 1900, p. 1508). Le nom de Servius Cornelius n'est, d'après l'opinion la meilleure et la plus répandue, qu'un grossier amalgame du nom du commentateur de l'édit Servius Sulpicius connu à l'auteur byzantin par *D.*, 1, 2, 2, 44, et de celui de l'auteur de la loi Cornelia de 687 sur les édits des préteurs connu au même écrivain non pas par Asconius, mais par Dion Cassius, 36, 40, 23 (v. en ce sens, Dirksen, *Hinterlassene Schriften*, II, 1871, p. 151 ; Rudorff, *Zeitschrift für Rechtsgeschichte*, III, 1864, pp. 39-40 et *De juridictione edictum*, 1869, p. 7, contrairement à ce qu'il avait d'abord admis *Römische Rechtsgeschichte*, I, 1857, p. 268, n. 2 ; P. Krueger, *Geschichte der Quellen*, 1886, p. 88, n. 8 = tr. fr., 1894, p. 115, n. 5). Quant aux indications précieuses sur le contenu de l'édit encore invoquées par M. Cuq et par Voigt comme preuve de l'emploi de sources originales perdues, ces indications, qui consistent à dire que Julien aurait placé le droit du mariage dans un livre, la tutelle dans un autre, les legs dans un autre et ainsi de suite, ne sont pas vraies pour l'édit et ne sont qu'une transposition maladroite de ce que dit Justinien de la confection du Digeste dans la const. *Omnem*, § 1 (cf. Mommsen, *Iahrbücher des gemeinen Rechts* de Bekker et Muther, II, 1858, p. 353 = *Gesammelte Schriften*, I, 1905, p. 165 ; Rudorff, *Zeitschrift für Rechtsgeschichte*, III, 1864, pp. 39-40 et *De jurisd. ed.*, p. 23). — L'*edictum Hadriani* dont parlent Dioclétien et Maximien, *C.*, 10, 40 (39), 7, est sans doute un édit impérial et non l'édit prétorien codifié sous Hadrien. — On pourrait plutôt relever comme étant des témoignages indépendants : celui de Marcellus, *lib. 9 dig.*, *D.*, 37, 8, 3 : *Propter id caput edicti quod a Juliano introductum est, id est ex nova clausula*, qui se rapporte sûrement à la rédaction de l'édit faite par Julien pour les raisons dites à la p. 13, n. 2 et qui se trouve même être chronologiquement la première allusion qui soit conservée à l'œuvre de Julien, les *digesta* de Marcellus ayant été écrits

blique, la source d'une véritable législation distincte, opposée, sous le nom de droit prétorien, au droit civil. Mais, sous le Principat, par suite de l'affaiblissement de l'esprit d'initiative des magistrats, les préteurs entrants se bornèrent de plus en plus à copier, sans y rien changer, les édits des préteurs sortants. L'état de fait a été transformé en état de droit par la codification de l'édit, par l'établissement d'un texte édictal officiel auquel un sénatus-consulte astreignit les magistrats futurs à conformer leurs édits d'entrée en charge.

Cette codification de l'édit, qui a donné sa forme définitive au droit prétorien et qui a eu par là pour l'histoire juridique de Rome une importance incalculable, a été faite par Julien sous Hadrien, dit le bréviaire d'Eutrope (1), par Hadrien avec le concours de Julien, dit Justinien dans la constitution Δέδωκεν mise en tête du Digeste (2). Elle se place donc sûre-

par lui sous Marc-Aurèle et L. Verus en 161-169 (*D.*, 4, 1, 7 ; 28, 4, 3. V. Lenel, *Palingenesia juris civilis*, I, 1889, p. 589, n. 2) bien longtemps avant Justinien et même avant l'histoire des empereurs où Eutrope et Aurelius Victor puisèrent leurs informations dans la biographie de l'empereur éphémère d'avril-mai 198, Didius Julianus; ensuite, l'allégation à la vérité singulièrement obscure de l'*Ambrosiaster*, *Quaestiones veteris et novi testamenti*, éd. Migne, *Patrologia Latina*, XXXVII, p. 2348 : *Ante Juliani edictum mulieres viros suos dimittere nequibant*, qui se rapporte sans doute non pas, comme on a d'abord pensé, à un édit de l'empereur Julien, mais, comme a très bien vu M. Franz Cumont, *Revue d'histoire et de littérature religieuses*, VIII, 1903, p. 440, à l'édit codifié par Salvius Julianus; enfin peut-être les passages déjà gravement contaminés de Georges le Syncelle, qui, en le confondant avec le P. Salvius Julianus, consul en 175, mis à mort sous Commode (*Prosopographia*, III, p. 166, n° 104), signalent, éd. de Bonn, p. 666, comme brillant sous Marc-Aurèle et tué sous Commode Ιουλιανον νομοθετην (d'après quelle source? Panderos plutôt qu'Eusèbe qui ne parle de cela ni dans la version latine ni dans la version arménienne? pas, en tout cas la source commune d'Eutrope et d'Aurelius Victor, où il ne paraît pas être question des meurtres de Commode), ce qu'Anastase, *Historia tripertita*, éd. de Bonn, p. 33, a traduit par les mots : *Per idem tempus Salvius Julianus Rome leges promebat* et *M. Salvium Julianum legis latorem* (*Commodus*) *occidit* passés de là chez Landolfus Sagax, éd. Droysen, p. 315, 2 et 21 ; éd. Eyssenhardt, 10, 17, p. 218 et 10, 18, p. 219, où ils sont la raison qui nous porte à nous demander si ce n'est pas en pensant à Marc-Aurèle que Landolfus Sagax a mis *Antonino* au lieu d'*Hadriano* dans le texte d'Eutrope.

(1) Eutrope, 8, 17 (p. 5, n. 2).

(2) Justinien, const. Δεδωκεν, § 18 (p. 5, n. 2).

ment sous Hadrien (1), entre le 11 août 117, date de son avènement (2), et le 10 juillet 138, date de sa mort (3). En revanche, aucun des nombreux essais qui ont été faits pour la rattacher à un moment plus précis du règne d'Hadrien (4) n'a

(1) L'absurdité a ses limites. Personne n'a encore songé à l'attribuer au temps d'Antonin, à cause de Landolfus Sagax, ni à celui de Didius Julianus, à cause d'Aurelius Victor.

(2) *Vita*, 4, 7, et les inscriptions donnant son *dies imperii* citées par Weber, *Untersuchungen*, p. 38.

(3) *Vita*, 25, 6, et les autres textes cités par von Rohden, p. 116.

(4) Les essais ont été si nombreux et si divergents qu'ils ont abouti à placer l'événement dans à peu près toutes les périodes du règne d'Hadrien depuis son commencement jusqu'à sa fin. Nous énumérons en allant de 117 à 138. *Très peu de temps après l'avènement d'Hadrien* : Fitting, *Alter und Folge der Schriften der römischen Juristen*, 2. Aufl., 1908, p. x, parce que la *clausula nova de conjungendis cum emancipato liberis ejus* est antérieure aux *libri ad Sabinum* de Pomponius qui le sont eux-mêmes aux *digesta* de Julien (p. 13, n. 2). — *Époque précoce du règne d'Hadrien* : le même, *op. cit.*, p. 23, n. k, parce que tout indique que les *digesta* de Julien sont dans une étroite relation avec sa rédaction de l'édit et n'ont été commencés qu'après l'achèvement de cette rédaction. — *An 125 ou peu après* : Kornemann, *Klio*, VI, 1906, pp. 181-182, parce que Julien, qui a été l'élève de Javolenus mort au plus tard peu après l'avènement de Trajan et qui a sans doute rédigé l'édit comme préteur avant de commencer ses *digesta* commencés avant 129, doit en conséquence être né au plus tard en l'an 95, être arrivé à l'âge prétorien au plus tard en 125 et avoir été préteur alors ou peu après. — *An 125 ou 126* : P. de Francisci, *Rendiconti del R. Ist. Lombardo*, serie II, vol. LI, 1908, pp. 446-451, parce que Julien qui a fait la codification en qualité de préteur, a été préteur à une date qui ne peut être antérieure à 126 pour des raisons que l'auteur n'exprime pas clairement, mais qui sont probablement celles de M. Kornemann, et qui ne peut être postérieure à 128 et doit être sensiblement plus ancienne, Pomponius connaissant déjà la *clausula* dans le livre IV de ses *libri ad Sabinum* écrits en 128 au plus tard. — *Vers 126-127* : Seckel, dans *Heumanns Handlexikon zu den Quellen des römischen Rechts*, 9. Aufl., 1. Abth., 1906, p. 298, v° *Iulianus*. — Avant 128 : A. Pernice, dans Holtzendorff, *Encyclopädie der Rechtswissenschaft*, 5. Aufl., 1889, p. 141, reproduit sans modification par Lenel, 6. Aufl., 1904, p. 123, sans doute pour les raisons qui font d'autres placer le fait avant 129. — *Peut-être avant 129* : Riccobono, *Fontes iuris Romani*, I, 1909, p. 237, sans doute pour les mêmes raisons. — *Avant 129* : P. Krueger, *Geschichte der Quellen und Literatur des römischen Rechts*, 1886, p. 86, n. 9 = tr. fr., 1894, p. 116, n. 1; Salkowski, *Lehrbuch der Institutionen*, à partir de la 6. Aufl. 1892, p. 31, et notamment 9. Aufl. revue par Lenel, 1907, p. 32; Schanz, *Geschichte der römischen Litteratur*, III, 2. Aufl., 1905, p. 98; Kipp, *Geschichte der Quellen*, 3. Aufl., 1909 p. 57, n. 1,

jusqu'à présent réussi : la preuve en est dans la discordance radicale des solutions et même des procédés de recherches qui sont encore recommandés dans les travaux les plus récents (1).

Je crois cependant qu'il est possible aujourd'hui de déterminer avec certitude sinon l'année exacte de la réforme, au moins son époque très approximative en l'enfermant entre des dates extrêmes qui ne sont pas éloignées de plus de trois ans. Ce résultat, qui n'a pas encore été atteint, me paraît pouvoir

parce que Julien n'a dû commencer qu'après la codification de l'édit ses *digesta* qui sont eux-mêmes antérieurs au sénatus-consulte Juventien de 129. — *Achèvement en 129* : Costa, *Storia delle Fonti del diritto romano*, 1909, p. 129. — Après les *digesta* : Karlowa, *Römisches Rechtsgeschichte*, I, 1885, p. 703. — *An 131-132 ou date peu antérieure* : Ferrini, *Rendiconti del R. Ist. Lombardo*, serie II, vol. XXIV, 1891, p. 562, à cause du texte de la chronique de saint Jérôme (p. 15, n. 2). — *An 131* : auteurs anciens si nombreux que Padelletti, *Storia del diritto romano*, 1878, p. 254, indiquait avec un peu d'exagération cette date comme assignée à la réforme par tous les historiens du droit malgré les observations faites en 1850 par Mommsen (p. 15, n. 2); ainsi Burchardi, *Lehrbuch des römischen Rechts*, I, 1841, p. 258, n. 5; Giraud, *Histoire du droit romain*, 1841, p. 267; Borghesi, *Œuvres*, IX, 1893, p. 306, mais, aussi, après l'article de Mommsen, Landucci, *Storia del diritto romano*, I, ed. 2, 1895, p. 196; Voigt, *Römische Rechtsgeschichte*, II, 1899, p. 185, n. 28; Cuq, *Institutions des Romains*, II, 1902, p. 34, n. 1, à cause du texte de saint Jérôme. — *An 132* : Heineccius, *Opera*, II, 1766, p. 804, à cause du même texte. — *An 134* : Baronius, *Annales ecclesiastici*, éd. Theiner, II, 1864, pp. 223-224, suivi par les auteurs cités chez Boulard, p. 41, n. 5, à cause du même texte. — *An 131-134* : Berriat-Saint-Prix, *Histoire du droit romain*, 1821, à cause du même texte. — *An 135-138* : L. Boulard, *L. Salvius Julianus*, Paris, 1903, p. 43, parce que la rédaction de l'édit ne peut être antérieure à la questure de Julien qui ne peut elle-même se placer avant cette date. — Nous n'énumérons pas les auteurs qui se contentent d'attribuer la réforme au règne d'Hadrien.

(1) V. dans la note qui précède les dates et les raisons données, par exemple, par MM. Fitting, Kornemann, de Francisci, Cuq et Boulard. Au fond, le système qui prévalait autrefois était celui qui adoptait la date de la chronique de saint Jérôme en l'attribuant d'ailleurs parfois inexactement à Eusèbe (p. 15, n. 2), celui qui paraît être devenu aujourd'hui le plus répandu est celui qui place la réforme avant le sénatusconsulte Juventien et qui est dû comme tant d'autres idées ingénieuses à M. Paul Krueger. Si nous croyons qu'on peut reprocher au savant auteur et à ceux qui ont suivi son idée sans rien y ajouter, d'une part, de s'être arrêtés à ce premier terme et, d'autre part, de l'avoir formulé d'une façon qui n'en faisait qu'une conjecture, il n'en reste pas moins que c'est lui qui a mis sur la voie de la solution juste.

être obtenu par la combinaison de trois observations très simples qui, une fois formulées et rapprochées, conduisent pour ainsi dire mécaniquement à la solution.

I

En premier lieu, Julien a nécessairement fait la codification de l'édit non pas seulement avant le 10 juillet 138, date de la mort d'Hadrien, mais avant le 14 mars 129, date du sénatus-consulte Juventien sur la pétition d'hérédité (1); car Julien ne connaît pas encore ce sénatus-consulte dans le livre 6 de son grand traité de droit privé, de ses *digesta* en 90 livres (2), dont il n'a entrepris la rédaction qu'après la codification de l'édit.

Cette première limitation est, parmi celles dont je parlerai, la seule qui ait été déjà signalée. Seulement elle l'avait été sans justification suffisante, dans des conditions qui n'en faisaient qu'une conjecture ingénieuse, intéressante, mais impropre à servir de base à une construction scientifique. Au contraire elle peut, à mon avis, actuellement être non pas seulement affirmée, mais démontrée.

En effet, ceux qui l'avaient invoquée s'étaient contentés de dire que la rédaction des *digesta* devait être postérieure à celle de l'édit parce que le plan qu'ils suivent dans leur première partie, dans leurs livres 1 à 58, est le plan de l'édit.

On avait pu répondre que cette argumentation ne porterait pas tant qu'on ne saurait pas en quoi l'édit de Julien différait de l'édit antérieur; objecter que l'ordre des matières pris par les *digesta* dans l'édit prétorien pouvait aussi bien y avoir été pris avant la codification qu'après parce qu'il pouvait avoir été

(1) *D.*, 5, 3, 20, 6 : *Pridie idus Martias* (14 mars) *Quintus Julius Balbus et Publius Juventius Celsus Titius Aufidius Oenus Severianus consules* (an 129) *verba fecerunt de his quae imperator Caesar Trajani Parthici filius divi Nervae nepos Hadrianus Augustus imperator (optimus) maximusque princeps pater patriae* (?; le ms. : *proposuit*) *quinto nonas Martias* (3 mars) *quae proximae fuerant libello complexus esset, quid fieri placeat, de qua re ita censuerant* (suivent les résolutions du Sénat).

(2) Ce point a été établi par M. Fitting, *Alter der Schriften der römischen Juristen*, 1860, p. 4 et ss. (2. Aufl. 1908, p. 25 et ss.); il n'a pas été contesté depuis.

l'ordre coutumier des édits antérieurs avant de devenir l'ordre légal de l'édit codifié (1).

Mais il est présentement possible d'écarter cette objection, d'établir l'antériorité de la codification en face des *digesta* tant par la preuve directe que l'ordre des *digesta* leur vient de l'édit codifié que peut-être par des preuves indépendantes.

Pour citer d'abord la preuve directe qui me paraît la plus décisive, on sait, maintenant, je crois, en quoi la forme de l'édit de Julien différait de celle de l'édit antérieur. L'édit antérieur se composait d'une partie principale où le préteur, parlant à la première personne, disait ce qu'il ferait, promettait d'accorder des actions, d'accorder des exceptions, de prescrire des stipulations prétoriennes, de prononcer des interdits; puis de quatre appendices où il donnait les modèles concrets, les formules, des actions, des exceptions, des interdits et des stipulations. L'innovation essentielle de Julien a consisté à vider l'appendice des formules d'actions dans le corps de l'édit. Il a, sans toucher à l'ordre des matières de la partie principale ni aux trois appendices des formules d'exceptions, d'interdits et de stipulations, transporté dans la partie principale les formules d'actions, qu'il a placées au-dessous des édits spéciaux qui les promettaient, quand c'étaient des actions promises par des édits, et dans le voisinage des édits relatifs à des matières analogues, quand il n'y avait pas d'édit les promettant. La preuve de cette diversité, la preuve que, dans l'édit antérieur à Julien, les formules d'actions n'étaient pas, comme dans le sien, dans le corps de l'édit, mais dans un appendice, est fournie par tous les débris qui nous restent des ouvrages sur l'édit antérieurs à Julien, où l'on ne trouve, à cause de cela, dans le commentaire du corps de l'édit, aucune mention des formules d'actions (2). Or les *digesta*

(1) Nous exposons l'objection sous la forme où elle nous paraît la plus sérieuse. On lui en a parfois donné d'autres qui nous sembleraient plus faciles à écarter. Ainsi, en disant que les *digesta* de Julien ne sont pas un commentaire de l'édit (Cuq, *Institutions*, II, p. 34, n. 1), on n'infirme en rien l'argument tiré de ce qu'ils suivent le plan de l'édit; car, que ce fût pour commenter l'édit ou pour autre chose, les *digesta* n'ont pu suivre le plan que s'il existait. L'objection de Ferrini selon laquelle le plan aurait aussi bien pu être emprunté par l'édit aux *digesta* qu'à l'édit par les *digesta* est réfutée par ce fait que les *digesta* ont apporté une amélioration au plan de l'édit (p. 15, n. 1).

(2) V. une démonstration plus détaillée de cette idée, déjà émise par

de Julien suivent un plan où, comme dans l'édit codifié, les formules d'actions se mêlent aux édits et où il ne reste dans les appendices que les formules d'exceptions, d'interdits et de stipulations.

Une autre raison indépendante de croire que Julien avait déjà fait sa rédaction officielle de l'édit avant d'écrire ses *digesta* a été signalée tout récemment (1). Le jurisconsulte à peu près contemporain de Julien Pomponius, qui a, dans sa carrière, perpétuellement utilisé et cité les différents ouvrages de Julien, a écrit ses *libri ad Sabinum* avant que Julien écrivît ses *digesta*; car les *digesta* de Julien ne sont pas cités dans les *libri ad Sabinum* de Pomponius et les *libri ad Sabinum* de Pomponius sont cités dans les *digesta* de Julien. Or, dans cet ouvrage antérieur aux *digesta* de Julien et par conséquent à l'an 129, Pomponius commente déjà une clause bien connue comme ayant été insérée dans l'édit par Julien, la *clausula nova de conjungendis cum emancipato liberis ejus* (2).

M. Wlassak, *Edict und Klageform*, 1882, pp. 22-32, dans mes deux articles, *N. R. Hist.*, XXVIII, 1904, pp. 160-163, et *Aus Römischem und Bürgerlichem Recht*, Weimar, 1907, pp. 42-49. Mon argumentation a convaincu MM. Koschaker, *Zeitschr. d. Savigny-Stiftung*, XXIX, 1908, pp. 509-510; Erman, *Zentralblatt für Rechtswissenschaft*, XXVIII, 1908-1909, p. 73; Kipp, *Geschichte der Quellen*, 3. Aufl., 1909, p. 58; Adolf Berger, *Zeitschr.* de Gruenhut, XXXVI, 1909, p. 215; Norden sur Mommsen, *Gesammelte Schriften*, VII, 1909, p. 213, n. *, et au moins « en partie » M. de Francisci, *Rendiconti dell'Ist. Lombardo*, 1908, p. 444. Elle a été combattue par M. Riccobono, *Bullettino dell'Ist. di diritto Romano*, XX, 1908, pp. 106-110, à l'aide d'objections qui ne me paraissent pas décisives.

(1) Fitting, *Alter der Schriften*, 2. Aufl., 1908, p. X. L'argument est aussi indiqué par M. de Francisci, *Rendiconti*, 1908, p. 447. Mais M. Fitting l'a formulé le premier, croyons-nous, son livre nous paraissant avoir paru avant l'article, et il l'a présenté d'une façon plus résolue.

(2) Pomponius, *4 ad Sab.*, *D.*, 38, 6, 5, *pr.* = Ulpien, *40 ad ed.*, *D.*, 37, 8, 1, *pr.* Cf. Marcellus, *9 dig.*, *D.*, 37, 8, 3 (p. 5, n. 2); Ulpien, *41 ad ed.*, *D.*, 37, 9, 1, 13 : *...namque natus solet patri ex novo edicto jungi.* Bien qu'assis principalement sur un fait négatif, qui est l'absence de citations des *digesta* de Julien dans les débris qui nous ont été conservés des *libri ad Sabinum* de Pomponius, l'argument nous paraît solide à cause de la fréquence des citations des *digesta* dans les autres ouvrages de Pomponius. A la vérité, il y a une objection que n'a pas prévue M. Fitting. C'est que rationnellement, Julien pourrait avoir introduit la clause dans l'édit pendant sa préture avant d'être chargé à une époque postérieure de la codification; en

Enfin, on vient encore de relever un dernier vestige de l'antériorité de la codification aux *digesta*. C'est que, si les *digesta* suivent en général l'ordre de l'édit, ils y apportent pourtant à un endroit un remaniement qui n'a pu être fait qu'après la codification. L'édit de Julien, dont l'ordre des matières est conservé par exemple par les *libri ad edictum* de Paul, classe en cet endroit un certain nombre d'actions dans un ordre irrationnel : ainsi, il met l'action publicienne, qui est une action en réclamation d'une chose particulière imitée de l'action en revendication, avant la pétition d'hérédité, qui porte sur un ensemble de biens, et avant la revendication, dont elle est l'adaptation, au lieu d'aller du général au particulier et du modèle à la copie en visant successivement la pétition d'hérédité, la revendication et la publicienne. Au contraire, les *digesta* de Julien, dont le plan a été suivi depuis dans d'autres ouvrages, ont substitué l'ordre logique à l'ordre illogique : ils étudient successivement la pétition d'hérédité, la revendication et la publicienne (1). C'est un perfectionnement rationnel apporté dans les *digesta* à l'ordre de l'édit; mais, puisque Julien a réalisé ce perfectionnement dans les *digesta* et non dans l'édit, c'est qu'il s'en est avisé avant d'écrire les *digesta* et après avoir rédigé

sorte que la preuve de l'existence de la clause ne serait pas une preuve de l'existence de la codification. Et je ne crois même pas que, sur le terrain logique, l'objection puisse être directement écartée. Mais, pratiquement, elle ne porte guère et M. de Francisci nous paraît même s'en exagérer beaucoup la force en subordonnant la valeur de l'argument à une détermination indépendante de la qualité en laquelle Julien aurait codifié l'édit. Pour qu'elle portât, il faudrait que Julien eût été préteur, et préteur urbain, un certain temps avant de codifier l'édit à un autre titre. Or, ce qu'on sait aujourd'hui de la carrière de Julien rendrait cette supposition si invraisemblable qu'elle n'est faite par personne. Ou bien l'édit a été codifié par Julien pendant sa préture, suivant une idée ancienne encore admise par M. de Francisci, contre laquelle il y a, verrons-nous (p. 31, n. 1), des objections anciennes et des objections nouvelles. Ou bien, comme le veulent toutes les probabilités, il a été codifié par lui à une époque antérieure à sa préture. Mais alors, dans un cas comme dans l'autre, la *clausula nova* n'existe que depuis la codification et par conséquent la preuve de l'existence de la *clausula nova* est une preuve de l'existence de la codification.

(1) V. sur cette diversité bien connue depuis les travaux de Lenel sur l'édit, O. Lenel, *Edictum perpetuum*, 2. Aufl., 1907, pp. 11-13 (1. Aufl., 1883, pp. 7-8 et trad. fr., I, 1901, pp. 7-8); P. F. Girard, *N. R. Hist.*, XXVIII, 1904, pp. 124-125.

l'édit ; c'est que la confection de l'édit est antérieure à la composition des *digesta* elle-même antérieure à l'an 129 (1).

Il y a donc là trois raisons pour une de penser que la codification de l'édit prétorien a été faite avant l'an 129, entre l'an 117 et l'an 129. Et l'on peut même noter en passant que cette démonstration écarte du même coup la date de 131 assignée à l'événement par la chronique de saint Jérôme. On a depuis longtemps reconnu que c'est arbitrairement que saint Jérôme, a placé sous cette date, une proposition prise par lui, non datée, chez Eutrope, dans la biographie de Didius Julianus (2).

(1) C'est par M. de Francisci, p. 448, que cette observation qui nous paraît juste (cf. pourtant Lenel, *Edictum*, 1907, p. 13) a été faite à notre connaissance pour la première fois. Il invoque, aux pp. 448 et ss., en faveur de la priorité des *digesta*, deux autres arguments qui nous semblent moins décisifs : un argument tiré de ce que Julien, *23 dig.*, *D.*, 37, 5, 6, critique l'édit sur l'exécution des legs imposée à l'émancipé appelé à la *B. P. contra tabulas* (*saepe animadverti hanc partem edicti habere quasdam reprehensiones*) et dit que le préteur devra remédier à sa défectuosité par décret (*decreto itaque ista temperari debebunt*) tandis qu'il aurait lui-même corrigé la clause, si la codification n'avait pas été déjà faite au moment où il écrivait; un autre argument, qu'il indique même comme le plus grave, tiré de ce que les opinions exprimées par Julien sur l'interprétation de l'édit par le prince, d'après la constitution Δέδωκεν, § 18, et dans le passage du livre 15 des *dig.*, *D.*, 1, 13, 2, ne peuvent avoir été émises par lui que depuis la codification de l'édit. M. de Francisci n'a pas remarqué que, si ces solutions ont été données par Julien après la codification, il n'est pas prouvé, pour elles comme pour celles contenues dans les livres 1-6 des *digesta*, qu'elles l'aient été avant l'an 129. La citation de Julien de la constitution Δέδωκεν ne contient pas d'indication de provenance; les textes des *digesta* sont extraits des livres 15 et 23 desquels tout ce qu'on sait, c'est qu'ils ont été écrits sous Hadrien. La citation prouverait donc seulement que la codification aurait été faite du vivant de Julien et les deux textes qu'elle l'aurait été sous Hadrien : ce qui n'a pas besoin d'être démontré.

(2) Saint Jérôme, *Chronicon*, sur la 15e année du règne d'Hadrien, la 3e de la 227e Olympiade et la 7e après l'an 2140 d'Abraham : *Salvius Julianus perpetuum composuit edictum*. Cet article paraît échapper aux incertitudes qui résultent d'ordinaire pour la chronique de saint Jérôme de la défectuosité de toutes les éditions (même de celle de Schoene, *Eusebii chronicorum libri duo*, vol. II, 1866, qui est la plus récente et la meilleure; v. Ed. Schwartz, *Berl. Philol. Wochenschr.*, 1906, pp. 750-751, et Pauly-Wissowa, VI, 1907, vo *Eusebios*, no 124, p. 1380) et qui ont conduit M. Ed. Schwartz, l'excellent éditeur d'Eusèbe, à conseiller (Pauly-Wissowa, *loc. cit.*) de recourir, de préférence aux textes imprimés, au fac-similé du ms. d'Oxford (*The Bodleian Manuscript of Jerom's ver-*

Mais il n'est pas indifférent que cette allégation gratuite soit démentie par des chiffres positifs.

sius of the Chronicle of Eusebius, ed. Fotheringham, 1905). Ici le texte semble sûr dans tous ses termes qui sont uniformément ceux du ms. d'Oxford (ed. Fotheringham, fol. 122, v°) des mss. cités par Schoene (vol. II, p. 167 et pour le ms. Philipps, 1829, de Berlin, vol. I, 1875, p. 656) et des plus nombreux et des meilleurs mss. utilisés par les anciens éditeurs (car il n'y a pas à s'arrêter à ce que Pontacus, qui place l'événement avec sa meilleure tradition en l'an 15 d'Hadrien, le signale dans une note de sa p. 613 reproduite par Migne, *Patrol. Lat.*, XXVII, 1849; p. 1066, comme étant placé seulement dans la 16e année de ce règne par trois de ses manuscrits, un ms. de Pithou, Paris, lat. 4859, un ms. de saint Victor, sans doute, Paris, lat. 14624, et un ms. de Nicolas Le Fèvre). Il n'y a pas non plus de difficulté grave sur la date assignée par les trois modes de numération de la chronique à l'événement : il est placé en 131-132 par la chronologie des années d'Hadrien commençant en août 117, en 131 par celle des olympiades et encore en 131 par celle des années d'Abraham, si on admet les équivalences d'A. von Gutschmid, *Kleinere Schriften*, I, 1889, p. 433, selon lesquelles on obtient l'année de l'ère chrétienne en soustrayant 2016 de l'année d'Abraham entre 2017 et 2209 : il est notamment placé en l'an 131 par la chronologie des olympiades qui était celle d'Eusèbe et qui fut aussi celle de saint Jérôme, malgré la prépondérance abusive donnée par les éditeurs aux années d'Abraham inscrites de dix en dix ans dans les manuscrits (v. Schwartz, dans Pauly-Wissowa, p. 1380); si les auteurs cités p. 9, n. 4, font la date aller de 131, non seulement à 131-132 (comme écrit Ferrini en s'attachant aux années de règne d'Hadrien), mais à 134, c'est par suite de discordances dans le ca cul des années d'Abraham et leur réduction en années de l'ère chrétienne. Il n'est pas non plus douteux que cet article vient de saint Jérôme et non pas d'Eusèbe, qu'il constitue une des additions faites par la version latine de saint Jérôme à l'original grec d'Eusèbe ; car il n'est ni dans Georges le Syncelle, ni dans la version arménienne. Il ne paraît pas moins certain que saint Jérôme a pris cette courte phrase dans la phrase plus longue où le bréviaire d'Eutrope parle, sans indication d'année, de Salvius Julianus à propos de Didius Julianus; car c'est une découpure textuelle. Et cela a été généralement admis depuis que Mommsen a d'un mot signalé l'emprunt, *Abhandlungen* de Leipzig, I, 1850, p. 673, n. 1 = *Gesammelte Schriften*, VII, 1909, p. 611, n. 1. Cependant, pour ne rien dire de ceux qui ont gardé la date sans connaître l'objection, la conclusion de Mommsen a été expressément contestée par Ferrini, *Rendiconti dell' Ist. Lombardo*, 1891, pp. 563-564, qu'ont suivi Voigt, *Römische Rechtsgeschichte*, II, 1889, p. 185, n. 24, et M. Cuq, *Institutions*, II, p. 35, n. 1. L'argumentation de Ferrini tient en trois lignes. Il dit : 1° qu'il n'est pas impossible que saint Jérôme ait eu une autre source à côté d'Eutrope ; 2° que la précision de la date donnée rend invraisemblable qu'il n'y ait eu de sa part qu'une conjecture arbitraire. La réponse a besoin d'être un peu plus longue ; mais elle peut être faite d'une manière probante. On pourrait penser

II

Un second moyen de restreindre les incertitudes est fourni par une considération qui est celle à laquelle je suis le plus surpris qu'on n'ait pas encore songé.

comme Ferrini si on ne connaissait que la ligne de saint Jérôme sans connaître l'ouvrage dont elle vient ni la façon dont cet ouvrage a été composé. Mais ce que l'on sait de l'ouvrage et de sa composition lève les doutes soulevés par Ferrini. Il est de toute invraisemblance que saint Jérôme ait eu ici deux sources, quand on sait dans quelle intégralité sont connues les sources desquelles saint Jérôme a tiré les additions intercalées dans sa traduction d'Eusèbe, à quel résidu misérable se réduisent les articles pouvant provenir de sources ignorées après qu'on a distrait ceux tirés du *de viris illustribus* de Suétone, du bréviaire d'Eutrope, de celui de Rufius Festus, de la chronique de la ville du chronographe de 354 et de quelques autres sources moins abondantes (v. le travail de Mommsen, pp. 669-693 = *Gesch. Schr.*, VII, pp. 602-632. Ajoutez pour Suétone, Ritschl, *Parerga zu Plautus und Terenz*, I, 1845, pp. 624-628 et Reifferscheid, *Suetonii praeter Caesarum libros reliquiae*, 1860, pp. 385-386, et pour des traces moins importantes d'Ammien Marcellin et d'Aurelius Victor, Schoene, *Die Weltkronik des Eusebius*, 1900, pp. 205-215). Ensuite il n'y a pas la moindre raison d'hésiter à croire que saint Jérôme ait sans autre source placé de son chef sous une année fixe ce qu'il trouvait dans Eutrope placé seulement sous un règne, quand on sait qu'il n'a procédé autrement nulle part, qu'il a dans tout son ouvrage constamment pratiqué le système consistant à mettre sous des années déterminées les événements qu'il trouvait sans détermination d'année dans ses sources; qu'il a ainsi mis partout sous une année les faits qu'il trouvait rapportés dans Eutrope comme ayant eu lieu sous un règne; qu'il a pareillement assigné à des années fixes les constructions de monuments que la chronique de la ville rattachait à des empereurs et qu'il n'a même pas reculé devant l'extension de cette méthode de classement aux renseignements, entre tous incompatibles avec de pareilles précisions, qu'il trouvait dans les biographies de littérateurs de Suétone. Ainsi qu'on le voit pour les vies de grammairiens pour lesquelles l'ouvrage original de Suétone nous a été conservé, il n'a pas eu besoin de trouver de dates fixes dans Suétone ni ailleurs pour placer en l'an 9 avant J.-C. l'époque où Hyginus *habetur illustris*, ou en l'an 56 de l'ère chrétienne celle où *Probus Berytus eruditissimus grammaticorum Romae agnoscitur*. Il n'a pas eu plus besoin d'autres sources pour mettre en 131 la codification de l'édit de Julien signalée comme ayant eu lieu sous Hadrien par la biographie de Didius Julianus (Eutrope, 8, 17) ou en 164 la notice sur Fronton indiqué comme le maître de Marc-Aurèle dans la biographie de cet empereur (Eutrope, 8, 10). Il se trouve même que l'existence d'une seconde source apparaît comme particulièrement inadmissible pour les deux articles relatifs à Fronton et à Salvius Julianus. C'est parce que là, au lieu d'enregistrer, dans l'ordre où il les trou-

La codification de l'édit a été sûrement faite, d'après la constitution Δέδωκεν, à un moment où Hadrien était à Rome; car la constitution parle explicitement, à son § 18, d'un discours qu'il a prononcé à ce propos à Rome, elle invoque des paroles dites par lui à l'occasion de la réforme κατὰ τὸν λόγον, ὅν ἐν κοινῷ διεξῆλθεν ἐπὶ τῆς πρεσβυτέρας Ῥώμης, dans le discours qu'il tint publiquement dans l'ancienne Rome (1). Ce discours a été prononcé par Hadrien à Rome, peut-être devant le peuple, peut-être devant le Sénat, quoique la constitution dise ἐν κοινῷ et non pas ἐν τῇ συγκλήτῳ (2), mais à Rome par Ha-

vait chez Eutrope, les événements qu'il y rencontrait avec des dates plus vagues que les siennes, saint Jérôme a changé la place des renseignements contenus chez Eutrope, les a distraits de la place où Eutrope les donnait incidemment pour les reporter à une place antérieure. S'il les avait trouvés dans une autre source à leur date, il les aurait pris alors dans cette source et, quand ensuite il les aurait rencontrés chez Eutrope, la place aurait été déjà occupée par l'extrait tiré de la première source. C'est le cas de l'article de Fronton que saint Jérôme a tiré d'Eutrope, 8, 12, pour le placer en 164, alors qu'il était déjà arrivé dans son dépouillement à l'an 168, alors qu'il avait déjà fait du même Eutrope, 8, 10, un extrait pour l'an 164 et un autre pour l'an 165. C'est encore plus clair pour l'article de Salvius Julianius qu'il a placé en l'an 131 et qu'il a rencontré dans Eutrope, 8, 17, quand il était arrivé dans son travail à l'an 193, alors qu'il avait déjà, dans les soixante-deux années d'intervalle, inséré une quinzaine d'extraits d'Eutrope, 8, 7-17.

(1) Cette indication ne se retrouve pas dans le passage symétrique de la constitution *Tanta*, qui apparaît là ainsi qu'en beaucoup d'autres lieux comme n'étant aucunement une traduction pure et simple de la constitution Δέδωκεν. C'est même probablement la raison pour laquelle notre argument n'a pas encore été aperçu. Cette fois encore, la loi du moindre effort a conduit à négliger le texte grec pour le texte latin. Le procédé est d'autant plus défectueux que les deux textes ont été écrits par des gens qui pensaient en grec et non en latin et que, par suite, la constitution grecque a sur la constitution latine, sinon, comme on dit parfois trop absolument (encore en dernier lieu, M. Jörs, v° *Digesta,* dans Pauly-Wissowa, V, I, 1903, p. 488), la supériorité d'un original sur sa traduction, au moins celle d'un document conservé dans sa langue sur un document transmis par une traduction médiocre.

(2) Rationnellement, les deux choses sont possibles; car Hadrien, qui aimait à parler et qu'un passage de Charisius semble signaler comme ayant publié douze de ses discours (*Grammatici Latini,* ed. Keil, I, p. 222), est représenté par son biographe comme en ayant prononcé *tam in contione quam in senatu* (*Vita*, 8 : *In contione et in senatu saepe dixit ita se rem publicam gesturum ut sciret populi rem esse non propriam*), et on connaît des exemples concrets de discours de lui des deux espèces : pour les discours *in contione*, l'oraison funèbre de Matidia de l'an 119

drien (1). Or, comme on sait, l'empereur voyageur n'a pas toujours été dans sa capitale. Il ne s'y est trouvé que dans les

dont Mommsen a reconnu le texte dans une inscription de Tibur (*C. I. L.*, XIV, 3579; F. Vollmer, *Laudationum funebrium Romanorum historia*, 1901, n° 18, pp. 516-525; cf. Mommsen, *Gesammelte Schriften*, I, 1905, pp. 422-428); pour ceux *in senatu*, l'*oratio quam de Italicensibus in senatu habuit* citée par Aulu-Gelle, 16, 13. Hadrien peut donc avoir prononcé notre discours *in contione*, pour entretenir le peuple des répercussions de la réforme. Il peut aussi, à l'extrême rigueur, l'avoir prononcé au Sénat. Seulement il ne faut pas alors y voir l'*oratio principis in senatu habita*, l'exposé des motifs du sénatus-consulte proposé par le prince, qui a forcément été ici particulièrement technique et détaillé et qui a dû, cette fois entre toutes, être lu et déposé par le questeur du prince, comme c'était l'usage (p. 32, n. 1); et comme cela a dû, par exemple, avoir lieu pareillement pour un autre sénatus-consulte relatif au droit privé proposé au nom du même prince, pour le sénatus-consulte Juventien (p. 11, n. 1); qui l'a été probablement un jour antérieur à celui de la discussion et du vote, comme cela eut encore lieu pour le sénatus-consulte Juventien (p. 11, n. 1) et quelques années plus tard pour le sénatus-consulte sur les frais des jeux proposé en 176-177 par Marc-Aurèle et Commode (*C. I. L.*, II, *Suppl.* 6278; v. la ligne 13 et le commentaire de Mommsen, *Eph. ep.*, VII, 1890, pp. 394-395). Il faudrait y voir alors un discours prononcé, au cours de la discussion, par Hadrien lui-même pour exprimer oralement sa *sententia*, comme il fit, par exemple, sans doute dans le discours *de Italicensibus*, comme fit un peu avant l'empereur Claude pour le sénatus-consulte sur le droit de cité des Gaulois où l'inscription *C. I. L.*, XIII, 1688, conserve non pas l'*oratio principis*, introductive du sénatus-consulte (ainsi que paraît dire Mommsen, *Staatsrecht*, II, 899, 2 = tr. fr., V, 178, 3), mais la *sententia* exprimée verbalement par l'empereur dans la discussion (v. aujourd'hui dans ce sens, Mommsen, *Eph. ep.*, VII, p. 394, d'où *Droit public*, VII, p. 506, au sujet de l'inscription précitée *C. I. L.*, II, 6278, qui contient également la *sententia* exprimée par un sénateur au cours de la discussion et non l'*oratio principis*, introductive de cette discussion, de laquelle on a même découvert depuis des fragments distincts reproduits *Année épigraphique*, 1909, n° 184). Mais c'est fort improbable à cause du langage de la constitution qui parle d'un discours prononcé en public et non d'un discours prononcé au Sénat.

(1) Nous n'apercevons pas comment on pourrait se soustraire à cette conclusion. Le seul expédient, auquel on n'a pas encore songé, parce que la conclusion qui résulte du texte n'avait pas encore été dégagée, mais dont on pourrait s'aviser pour tenter de s'y soustraire, serait de rapporter le texte non pas à un discours prononcé par le prince devant le peuple ou le Sénat, mais à un *oratio principis*, lue en son nom devant le Sénat. Mais cette interprétation ne serait pas seulement invraisemblable, elle serait radicalement inadmissible. Elle serait invraisemblable, parce que la constitution dit ἐν κοινῷ et non pas ἐν τῇ συγκλητῷ. Elle serait inadmissible, parce que la constitution ne parle pas en termes vagues d'un passage d'une *oratio*, mais en termes pré-

intervalles de longs voyages dont les termes peuvent d'ailleurs être fixés présentement avec plus de sûreté qu'autrefois (1).

Suivant les données chronologiques qu'on peut aujourd'hui regarder comme acquises quant aux points qui nous occupent,

cis de paroles que l'empereur a prononcées. Nous avons en faveur de notre traduction un témoignage d'autant plus probant qu'il est inconscient : c'est celui de toutes les versions latines de la constitution qui ont été mises dans les éditions en face du texte grec depuis qu'il a été publié pour la première fois avec une traduction d'Hotman dans l'édition du *Digestum vetus* donnée à Lyon en 1552 par Hugues de la Porte jusqu'à sa dernière publication qui est, sauf erreur, celle faite en 1908 par M. Paul Krueger dans la 11e édition stéréotype du tome I du *Corpus* de Berlin : ces versions diffèrent en beaucoup d'autres points, elles sont toutes d'accord pour entendre notre membre de phrase de paroles prononcées par l'empereur. Et cette traduction si naturelle qu'elle a été faite sans réflexion par tout le monde apparaît encore comme plus sûre lorsqu'on cherche comment le texte aurait été rédigé s'il avait voulu parler d'une *oratio principis* introductive de sénatus-consultes et non pas d'un véritable discours oral prononcé par le prince en un lieu quelconque. Il y a dans les sources juridiques une trentaine de textes qui parlent d'*orationes* du prince dans un sens ou dans un autre. Tous, à l'exception de deux, emploient des tournures qui peuvent indifféremment s'entendre d'un discours prononcé au nom du prince ou d'un discours prononcé par lui. Il n'y en a que deux qui, comme notre texte et celui d'Aulu-Gelle, écartent, d'une manière que cela montre voulue, les tournures courantes pour spécifier qu'il n'y a pas eu seulement un discours du prince, mais que c'est lui qui l'a prononcé : un sur un discours de Marc-Aurèle prononcé au Sénat, *D.*, 11, 4, 3 : *Divus Marcus in oratione quam in senatu recitavit* et un sur un discours que Marc-Aurèle a prononcé au camp des prétoriens, *F. V.*, 195 : *Secundum orationem divi Marci quam in castris praetoriis recitavit*. Cela ne prouve peut-être pas que, dans aucun des autres cas, le prince n'ait parlé lui-même. Mais cela montre clairement que, quand on a dit par exception que le prince avait parlé, on a bien voulu exprimer ce que les mots veulent dire, aussi bien pour les discours d'Hadrien sur les gens d'Italica et la codification de l'édit que pour ceux de Marc-Aurèle au Sénat et au camp.

(1) Pour la fixation de ces termes, nous renvoyons en particulier au travail de Weber cité p. 5, n. 2, qui a pu préciser, compléter et rectifier à l'aide des documents découverts dans l'intervalle les dates données précédemment dans l'ouvrage classique de J. Dürr, *Die Reisen des Kaisers Hadrian, Abhandlungen des archäol-epigr. Seminares Wien*, I, 1884, et dans l'article de P. von Rohden cité p. 5, n. 2. Comme M. Weber, nous avons pu nous dispenser d'entrer dans les discussions sur les sources de la *Vita Hadriani* agitées en dernier lieu dans les ouvrages de M. Kornemann, *Kaiser Hadrian und der letzte grosse Historiker von Rom*, 1904, et de M. Otto Th. Schulz, *Leben des Kaisers Hadrian*, 1904 ; *Das Kaiserhaus der Antonine und der letzte Historiker Roms*, 1907.

Hadrien n'a en somme été à Rome que pendant trois périodes de son règne : entre l'an 118 et l'an 121, entre l'an 125 et l'an 128 et entre l'an 134 et l'an 138.

Le premier séjour va de l'an 118 à l'an 121. Hadrien arrive à Rome pour la première fois depuis son avènement, en juillet ou en août 118 (1) et, après une promenade en Campanie qui se place en 119 (2), il part, pour son premier grand voyage à travers l'empire, en 120, pensent les uns, en 121, disent les autres, en tout cas au plus tard en 121 (3).

Pour le second séjour de 125-128, une inscription de Delphes publiée en 1905 (4) prouve désormais à peu près sûrement et

(1) Son arrivée à Rome en 118 est établie par les médailles commémoratives qui, lui donnant le titre de *cos. II*, sont postérieures au début de son second consulat commencé le 1er janvier 118 et antérieures au début du troisième commencé le 1er janvier 119. Elle peut être localisée plus étroitement à l'aide des actes des Arvales en partant desquels J. Dürr l'avait placée le 7 ou le 8 août et qui, connus plus complètement comme ils le sont aujourd'hui (*C. I. L.*, VI, *Suppl.* 32374), ont permis à M. Weber, pp. 81-83, de la placer à la date du 9 juillet admise par exemple par MM. A. v. Premerstein, *Klio*, 8. Beiheft, 1908, p. 73, n. 2, et Liebenam, *Iahresberichte der Geschichtswissenschaft*, XXX (1907), 1, 1909, I, pp. 276-277. M. v. Domaszewski, *Geschichte der römischen Kaiserzeit*, II, 1909, p. 189, la place cependant le 13 septembre.

(2) Excursion en Campanie avant les funérailles de Matidia célébrées le 23 décembre 119 : *Vita*, 9, 6. V. Dürr, p. 25 ; von Rohden, p. 503 ; Weber, p. 103.

(3) La preuve en est qu'il a pris en l'an 121 le titre de proconsul, *C. I. L.*, VI, 1233 = *Suppl.*, 31539, que le prince ne portait pas à cette époque en Italie (Mommsen, *Staatsrecht*, II, 2, 778, 1 = tr. fr., V, 38, 3). Dürr a conclu des monnaies qui mentionnent l'établissement des jeux au jour des *Palilia*, le 21 avril 121, qu'Hadrien aurait été encore à Rome à cette date pour présider à la fête organisée en commémoration de la fondation de Rome en même temps que pour poser la première pierre du temple de Vénus et Rome posée à cette date d'après Athénée, 8, 63, p. 361, et M. v. Domaszewski se prononce encore dans le même sens, II, p. 192. Mais, ainsi qu'a remarqué v. Rohden, il n'est pas sûr que le texte d'Athénée se rapporte à la pose de la première pierre du temple et les jeux peuvent avoir été organisés sans que l'empereur fût présent à Rome. La dernière preuve positive de sa présence à Rome est l'oraison funèbre de Matidia en décembre 119.

(4) Bourguet, *De rebus Delphicis*, Montpellier, 1905, pp. 83-84. Lettre d'Hadrien, *trib pot. IX* (10 décembre 124-9 décembre 125), aux amphyctions et à la ville de Delphes où la date mutilée porte : ... ω]ν Σεπτεμβ... ρτείνης restituée à peu près sûrement par M. Bourguet, dont la restitution est admise par M. Weber, p. 180, n. 589 : Πρὸ... ω]ν Σεπτεμβ[ρίων. 'Απο οἰκίας

à l'encontre des idées accréditées auparavant, qu'il était déjà à Tibur en août ou septembre 125 (1), puis sa présence à Rome est attestée positivement en février et mars 127 (2), il fait en 128 la brève excursion en Afrique (3) au cours de laquelle il prononce le 1er juillet l'allocution de Lambèse, le 7 celle de Zraia et le 12 ou le 13 celle d'Aïn Foua (4), et il part définitivement de Rome pour son second grand voyage, à la fin d'août ou au début de septembre (5).

Τιβου]ρτείνης, ce qui atteste alors une lettre adressée par Hadrien de Tibur soit en août 125, si la date était d'avant les calendes, soit en septembre 125, si elle se rapportait aux ides ou aux nones.

(1) Il ne serait pas impossible de découvrir d'autres noms de lieux auxquels s'adapterait plus ou moins parfaitement la finale ρτεινης (Sparte ? Cirta ? etc.). Mais l'interprétation la plus naturelle et la plus vraisemblable est qu'il s'agit de la résidence de prédilection d'Hadrien, de Tibur où, à la vérité, la villa impériale n'était pas encore construite, mais où elle était en construction presque depuis le début du règne (la date la plus ancienne fournie par une colonne est celle de 118, Gusman, *Villa impériale de Tibur*, 1904, p. 15). On peut même remarquer que l'année 125 est une année pour laquelle Marini avait déjà signalé les travaux faits là par l'ordre de l'empereur comme ayant dû être très actifs ; car les briques ne s'employaient selon Pline et Vitruve, que deux ans après leur confection et les briques datées de l'an 123 sont d'une fréquence tout à fait saillante, soit dans l'ensemble des briques consulaires, soit parmi les briques de Tibur. M. Bourguet, considérant, avec la doctrine alors unanime, la présence d'Hadrien à Eleusis à la fin de 125 comme constante, a supposé qu'il serait simplement venu faire de Grèce un peu auparavant un court séjour en Italie. M. Weber, qui est au contraire parti du nouveau texte pour réviser toute la chronologie du voyage d'Hadrien, place l'initiation d'Eleusis en septembre 124 et considère la lettre de Tibur comme écrite par le prince après sa rentrée définitive. Pour notre raisonnement, cela n'a pas d'importance essentielle, puisqu'Hadrien peut avoir prononcé son discours en 125, dès lors qu'il a été en Italie, que ce fut à titre temporaire ou définitif. Mais l'interprétation de M. Weber nous paraît préférable. V. dans le même sens, Domaszewski, II, p. 200.

(2) Lettres aux habitants de Stratonicaea Hadrianopolis en date du 11 février (II, III) et du 1er mars 127 (I) découvertes par M. Radet, *Bull. corr. Hell.*, XI, 1887, pp. 109-112 (Lafoscade, *De epistulis imperatorum Romanorum*, 1902, nos 23-25).

(3) *Vita*, 13, 4 : *Atque ex ea (Roma), in Africam transiit.*

(4) V. la démonstration de M. Héron de Villefosse, *Festschrift für Hirschfeld*, 1903, pp. 192-197. Cf. Weber, pp. 101-104, von Domaszewski, pp. 200-201, et, avant la révélation des dates précises, von Rohden, pp. 508-509.

(5) *Vita*, 13, 6 : *Denique cum post Africam Romam venisset,*

Enfin, en ce qui concerne son dernier séjour à Rome et en Italie, Hadrien était rentré à Rome le 5 mai 134 (1) et se retira bientôt à Tibur pour y être pris en l'an 136 de la grave maladie dont il mourut à Baia le 10 juillet 138 (2).

De ces trois séjours dans l'un desquels doit avoir été forcément prononcé le discours, celui de 134-138 est hors de cause, puisque l'édit de Julien existe avant l'an 129. Il ne reste donc en présence que les deux périodes de 118-121 et de 125-128 dans l'une desquelles il est en revanche absolument certain que la codification a été opérée et appuyée par le discours d'Hadrien.

III

Comme troisième instrument d'élimination permettant de choisir entre elles, on est naturellement conduit à penser à l'inscription tunisienne (3) qui nous a donné sur la biographie

statim ad Orientem profectus iter per Athenas fecit. Dürr a cru trouver dans le sénatus-consulte Juventien proposé le 3 mars 129 et voté le 14 (p. 11, n. 1) la preuve qu'Hadrien aurait encore été à Rome au mois de mars 129 après lequel seulement il se serait mis en route pour son voyage dans les contrées helléniques attesté en 129 par une lettre aux Ephésiens écrite par lui au moment de son départ d'Eleusis (Lafoscade, nº 26) et par une lettre aux Astypaléens datée de Laodicée du Lycus (Lafoscade, nº 27). Mais le sénatus-consulte Juventien est précisément l'un de ceux où l'*oratio principis* est signalée en termes qui n'impliquent pas la présence de l'empereur (p. 18, n. 2), et, après v. Rohden, p. 509, M. Weber a relevé, pp. 205-210, différents faits qui nous semblent, comme à M. Peter, *Berl. Phil. Wochenschrift*, pp. 756-757 (v. aussi Domaszewski, p. 201) autoriser à rapporter à la fin de 128, un témoignage assez faiblement daté de la chronique d'Eusèbe selon lequel il passa l'hiver à Athènes et assista alors pour la seconde fois aux fêtes d'Eleusis (en septembre). Cela s'accorde parfaitement avec l'expression *statim* de la *Vita*, 13, 6.

(1) Lettre de Rome du 5 mai 134 : Kaibel, *Inscr. Graecae Italiae*, 1054 b; Lafoscade, nº 28. La date exacte de son retour est indécise; mais c'est pour nous sans importance ; car, qu'elle se place au début de 134 ou, comme on a conjecturé sans le prouver (cf. von Rohden, p. 514; Weber, p. 276), à la fin de 133, elle reste toujours de plusieurs années postérieure à l'an 129 où la codification de l'édit existe déjà (p. 11 et ss.).

(2) Retraite à Tibur : Aurelius Victor, *Caesares*, 14, 4; *Vita*, 23, 7. — Maladie de 136 : *Vita*, 23, 1 et les autres textes cités par von Rohden, p. 515. — Mort, p. 9, n. 3.

(3) *L(ucio) Octavio Cornelio P(ublii) f(ilio) Salvio Juliano Aemiliano, decemviro, quaestori imp(eratoris) Hadriani, cui divos Hadrianus*

de Julien tant de lumières nouvelles, à cette inscription de Souk-el-Abiod qui nous a par exemple appris qu'il occupa le proconsulat d'Afrique sous Marc-Aurèle et Lucius Verus et qui a conduit par contre-coup, à raison de l'intervalle ménagé à cette époque entre le consulat et le proconsulat, à l'identifier à peu près forcément avec le consul Salvius Julianus de l'an 148 (1), mais qui a aussi fourni d'autres informations également

soli salarium quaesturae duplicavit ob insignem doctrinam, trib(uno) ple(bis), pr(aetori), praef(ecto) aerar(ii) Sat(urni), item mil(itaris), co(n)s(uli), pontif(ici), sodali Hadrianali, sodali Antoniniano, curatori aedium sacrarum, legato imp(eratoris) Antonini Aug(usti) Pii Germaniae inferioris, legato imp(eratorum) Antonini Aug(usti) et Veri Aug(usti) Hispaniae citerioris, proco(n)s(uli) provinciae Africae, patrono, d(ecreto) d(ecurionum), p(ecunia) p(ublica). L'inscription, découverte à Souk-el-Abiod en Tunisie le 9 juin 1908, a été publiée et commentée par M. Gauckler, *Académie des inscriptions, comptes-rendus*, 1899, pp. 367-374. Elle a fait depuis l'objet d'une série de commentaires parmi lesquels nous aurons surtout à citer ceux de Mommsen *Zeitschr. d. Sav. Stift.*, XXIII, 1902, pp. 54-60, aujourd'hui *Gesammelte Schriften*, II, 1905, pp. 1-6; Cantarelli, *Bullettino della comm. arch. comm. di Roma*, XXVIII, 1900, pp. 136-138; L. Boulard, *L. Salvius Julianus*, thèse, Paris, 1902, pp. 9-37; Kornemann, *Klio*, VI, 1906, pp. 178-184; Fitting, *Alter der Schriften*, 2. Aufl., 1908, pp. 21.23-27; P. de Francisci, *Rendiconti dell'Ist. Lombardo*, serie II, vol. XLI, 1908, pp. 442-464; Th. Kipp, *Gesch. der Quellen*, 3. Aufl., 1909, pp. 124-125.

(1) A la vérité, l'inscription pouvait, à première vue, sembler au contraire condamner matériellement l'identification du jurisconsulte avec le consul de 148; car elle donne au jurisconsulte le prénom de *L(ucius)*, tandis que le consul de 148 était considéré comme portant celui de *P(ublius)*. Et tel fut en effet l'avis des premières personnes qui s'occupèrent du texte (Gauckler, p. 372; Cantarelli, pp. 136-137; Boulard, p. 10, n. 1; Girard, *Manuel*, 3ᵉ éd., 1902, p. 62, n. 2; Cuq, *Institutions*, II, 1902, p. 33, n. 8). Mais l'intervalle habituel qui sépare alors le consulat du proconsulat conduit à assigner au consulat du jurisconsulte une date si voisine de l'an 148 que l'illustre Mommsen, qui avait été l'adversaire le plus considérable de l'identification, a résolument déclaré qu'elle ne pouvait plus être contestée désormais. Et depuis elle n'a plus guère été révoquée en doute (une exception isolée est faite par M. de Francisci qui place toujours, sans argument décisif, pp. 453-458, le consulat de Julien entre 135 et 145). Reste seulement à expliquer la discordance des prénoms. Mommsen avait levé la difficulté en supposant que le prénom de *P(ublius)* attesté uniquement par une inscription perdue de transcription douteuse (*C. I. L.*, VI, 375) serait faux. Cf. dans le même sens Kornemann, p. 180. Mais depuis il a été de nouveau attesté par le diptyque du musée du Caire découvert et publié par M. Seymour de Ricci, *N. R. Hist.*, XXX, 1906, p. 485, qui est daté par les noms des

neuves sur le reste de sa carrière, ainsi sur ses légations consulaires de Germanie inférieure et d'Espagne citérieure, ainsi sur ses deux préfectures prétoriennes triennales du trésor du peuple et du trésor militaire, ainsi surtout sur cette questure du prince occupée sous Hadrien où il reçut double salaire à raison de son rare savoir, où le prince *ei soli salarium quaesturae duplicavit ob insignem doctrinam*.

Je pense en effet que les données fournies pour sa biographie par ce document comme par les sources plus anciennement connues (1) se concilient mieux avec l'une des dates

consuls de 148 : l'exemplaire extérieur donne de nouveau au nôtre le prénom de *P(ublius)* et, si M. Seymour de Ricci avait, en signalant d'ailleurs les difficultés de déchiffrement et l'incertitude de sa première copie, présenté l'exemplaire intérieur comme lui donnant le prénom de *G(aius)*, le second exemplaire l'appelle aussi en réalité *P(ublius)*, ainsi qu'avait déjà penché à dire un visiteur postérieur du musée du Caire, M. Fr. Zacker cité par Kalb, *Iahresberichte* de Bursian, CXXXIV, 1907, p. 119, et que M. de Ricci a bien voulu nous l'affirmer lui-même (novembre 1909) après un nouvel examen du titre. La divergence des prénoms de *L(ucius)* indiqué par l'inscription de Souk-el-Abiod et de *P(ublius)* donné par l'inscription *C. I. L.*, VI, 375 et le diptyque du Caire, s'explique sans doute comme j'ai déjà admis sur le diptyque, *N. R. Hist.*, XXX, 1906, p. 496, par une autre idée émise seulement en seconde ligne et en note par Mommsen et développée par M. Pallu de Lessert, *Recueil du centenaire de la société des Antiquaires*, 1904, p. 371, par l'idée d'une dualité de prénoms venant par exemple d'adoption.

(1) Naturellement on le connaissait par les textes cités, p. 5, n. 2, comme ayant rédigé l'édit sous Hadrien. Mais on savait en outre déjà sur lui beaucoup de choses. Ainsi on le considérait en général comme originaire d'Afrique, en vertu d'un témoignage de la *Vita Didii Juliani*, 1, 2 : *Avus maternus ex Hadrumetina colonia* que confirme plutôt en définitive l'inscription dédiée par une cité à son patron et trouvée sur le territoire de Pupput qui n'avait pas encore alors acquis de statut distinct, qui était alors un *vicus* d'Hadrumète (Mommsen, *Ges. Schr.*, II, p. 2 ; Kornemann, pp. 179-180; cf. Gauckler, p. 367; Boulard, p. 11), et comme ayant été l'ancêtre de l'empereur Didius Julianus d'après deux généalogies discordantes contenues dans la *Vita Didii Juliani*, 1, 1-2. 7, 2. 8, 10, et dans Eutrope, 8, 17 (p. 5, n. 2). On savait aussi qu'il avait été appelé à la direction des Sabiniens sous Hadrien, par un texte de Pomponius, *D.*, 1, 2, 2, 53 (p. 27, n. 2), qui prouve même en outre qu'il y fût appelé avant de codifier l'édit (p. 28, n. 1). On savait par son propre témoignage qu'il avait été en Egypte avant d'écrire ses notes sur Urseius Ferox (Julien, *1 ad Urseium*, *D*, 46, 3, 36 : *Et hoc et in Aegypto affirmatum est mihi*), elles-mêmes publiées après l'avènement d'Hadrien sous lequel se place

qu'avec l'autre; mais il existe à mon sens un autre élément de solution qui commande le choix d'une manière plus directe,

le fait dont il s'agit (*D.*, 34, 5, 7. 5, 4, 3) et probablement avant les *digesta*, comme sans doute ses autres œuvres de jeunesse, *libri ad Minicium*, *liber de ambiguitatibus*; qu'il avait eu Javolenus pour maître (Julien, *42 dig.*, *D.*, 40, 2, 5 : *Javolenum praeceptorem meum*) et qu'il avait déjà été préteur et consul au moment où il écrivait le livre 42 de ses *digesta* (même texte : *Et in praetura et in consulatu meo*). Il était encore signalé comme ayant fait partie du conseil impérial sous Hadrien par un témoignage de la *Vita Hadriani*, 18, 1, qu'il n'y a pas de motif de révoquer en doute, mais qui acquerrait une importance plus grande pour la chronologie de son existence si on pouvait en déduire qu'il ait été préteur sous Hadrien, comme l'a écrit M. Kornemann, p. 180, n. 3, mais comme nous ne le pensons pas (ce ne serait même pas, s'il était vrai, comme a pensé M. Cuq, *Conseil des empereurs*, p. 341 et ss., que le conseil ait été composé de sénateurs sous Hadrien; car on entrait au Sénat par l'occupation de la questure; mais cette supposition même est contraire au témoignage de la biographie d'Hadrien, 8, 8-9, et à l'esprit de son gouvernement; v. Mommsen, *Staatsrecht*, II, 2, 990, 5. 991, 2 = tr. fr., V, 281, 7. 282, 4, et Hirschfeld, *Kaiserliche Verwaltungsbeamte*, 2. Aufl., 1905, p. 340, n. 2). Une autre affirmation plus suspecte de la *Vita Didii Juliani* 1, 1, le présentait comme ayant été consul une seconde fois et préfet de la ville. Enfin pour la chronologie de ses travaux, on savait notamment par les travaux de M. Fitting, qu'en dehors des œuvres de jeunesse citées plus haut, il publia en plusieurs fois ses *digesta* dont le livre 6 est, avons-nous vu, antérieur à l'an 129 (p. 11, n. 2) mais postérieur à la codification de l'édit (p. 11 et ss.), dont le livre 27 a encore paru sous Hadrien (*D.*, 38, 2, 22), mais dont les livres 64 (*D.*, 4, 2, 18) et 90 (*D.*, 1, 3, 11) ont été écrits sous Antonin le Pieux. Cela donnait de sa vie un aperçu assez clair, mais assez dépourvu de dates précises, — surtout si l'on écartait l'identification avec le consul de 148 proposée par Borghesi, mais combattue par Mommsen par des raisons sérieuses, et d'autres identifications encore plus critiquables (ainsi l'attribution faite par Borghesi, *Œuvres*, VII, p. 531; IX, p. 305 et admise par MM. Cuq, *Conseil*, p. 341, n. 3, et Vignaux, *Præfectura urbis*, 1896, p. 233-234, du second consulat et de la préfecture de la ville à l'an 162 à cause du martyre de sainte Félicité où le préfet n'est appelé que Publius et dont on ne sait s'il a eu lieu en 162; v. *Prosopographia*, II, p. 143, n° 536 et III, p. 154, n° 102), — naissance à Hadrumète; études sous Javolenus; voyage en Egypte avant ou après; publication des premiers ouvrages et des livres 1-6 des *digesta* avant 129; nomination à la direction de l'école sabinienne, avant ou après, sous Hadrien; rédaction de l'édit encore sous Hadrien, mais ensuite; rédaction des livres 7-27 des *digesta* toujours sous Hadrien; occupation de la préture et du consulat sous Hadrien ou Antonin le Pieux, mais au plus tard sous Antonin le Pieux à cause du livre 42 des *digesta* qui est antérieur à la mort d'Antonin le Pieux; achèvement des *digesta* sous Antonin le Pieux; enfin second consulat et préfecture de la ville avant

plus brutale. Je l'indiquerai donc d'abord; puis je montrerai comment la date ainsi obtenue s'accorde avec ce que l'on sait de la vie de Julien.

La considération positive, matérielle est tirée de ce que la codification de l'édit est postérieure à un certain nombre de faits qui devraient tous être placés avant la fin de l'an 121 pour qu'on pût admettre la première date, qui ne laissent donc place qu'à la seconde si un seul d'entre eux apparaît comme plus récent.

Le premier de ces faits est la rédaction par le contemporain déjà cité de Julien Pomponius de la petite histoire du droit romain et de ses sources qui constitue au Digeste le long fragment 2 du titre *De origine juris*, livre I, titre 2. Cet ouvrage a été écrit par Pomponius sous Hadrien (1); mais il l'a été avant la codification de l'édit; car Pomponius n'y a pas connaissance de cette codification, s'il connaît parfaitement Julien qu'il y nomme, à la fin de sa liste des chefs des deux grandes écoles de jurisconsultes du Principat, comme étant actuellement à la tête de l'école des Sabiniens (2).

ou après l'achèvement des *digesta*, avant ou après la mort d'Antonin le Pieux, mais sans doute après le livre 42 des *digesta* qui ne parle que d'un consulat. Quant à sa mort, on la plaçait d'ordinaire sous Marc-Aurèle et L. Verus ou même avant la fin du règne d'Antonin le Pieux, plutôt à raison de la date précoce à laquelle on reculait sa naissance qu'en vertu de textes qu'on a invoqués depuis pour établir sa mort avant 169 (*D.*, 37, 14, 17, *pr.*; Gaius, 2, 280) et qui ne sont du reste pas très probants. Cf. en sens un peu divers, Karlowa, *Römische Rechtsgeschichte*, I, 1885, pp. 707-708; H. Buhl, *Salvius Julianus*, I, 1886, pp. 11-30. 53. 100-103; P. Krueger, *Geschichte der Quellen*, 1888, pp. 167-169 = tr. fr., pp. 222-224, et la *Prosopographia imperii Romanii*, III, 1888, pp. 164-165, n° 102. Nous verrons plus loin (p. 35, n. 1) dans quelle mesure ces indications peuvent être précisées et complétées à l'aide de l'inscription et des résultats mêmes du présent travail.

(1) Cela résulte des mots : *Et ideo Hadrianus optimus princeps*, par lesquels il y désigne le prince, *D.*, 1, 2, 2, 49.

(2) *D.*, 1, 2, 2, 53 : *Cassio Caelius Sabinus successit... Caelio Sabino Priscus Javolenus... Javoleno Prisco Aburnius Valens et Tuscianus, item Salvius Julianus.* Suivant la juste observation de M. Paul Krueger, *Geschichte der Quellen*, p. 173, n. 2 = tr. fr., p. 231, n. 1, Pomponius, s'il avait connu la codification de l'édit, n'aurait pas manqué de la signaler, notamment au § 12, où il indique parmi les sources du droit *magistratuum edictum unde jus honorarium nascitur.*

Le second fait est précisément cette nomination de Julien à la direction de l'école sabinienne. Elle a eu lieu avant que Julien fût chargé par Hadrien de rédiger l'édit, puisque Pomponius la connaît et qu'il ne connaît pas la rédaction de l'édit (1).

Le dernier fait rapporté au même lieu par Pomponius est la nomination à la direction de cette école au plus tard en même temps que Julien et très probablement avant lui des deux jurisconsultes Aburnius Valens et Tuscianus. Sur Tuscianus, on ne sait rien. Mais Aburnius Valens, de son nom complet L. Fulvius Aburnius Valens, est un personnage parfaitement connu. C'est un jurisconsulte appartenant à la classe sénatoriale duquel une inscription nous apprend qu'il fut nommé *praefectus urbi feriarum Latinarum* par l'empereur Hadrien en l'an 118, qu'il fut ensuite triumvir monétaire, puis questeur du prince, puis tribun de la plèbe *candidatus principis* (2).

Pour que la rédaction de l'édit eût été faite pendant le premier séjour d'Hadrien à Rome, donc au plus tard en 121 (3), il faudrait que les trois événements pussent se placer avant la fin de l'an 121. Or, il serait peut-être difficile que Pomponius eût écrit si tôt son premier ouvrage ou que Julien fût arrivé de

(1) L'argument est le même, quoique M. Paul Krueger n'ait pas signalé cette seconde conséquence.

(2) *C. I. L.*, VI, 1421 = Dessau, 1051 ; *L. Fulvio C. f. Pupin.* [lisez : *Popin(ia)*]*Aburnio Valente, pontifici, praefect(o) urbi feriarum Latinar(um) facto ab imp(eratore) Hadriano Aug(usto) II co(n)s(ule)* (an 118), *III viro a(uro) a(rgento) a(ere) f(lando) f(eriundo), quaest(ori) Aug(usti), tribuno plebis designato candidato Aug(usti), eq(uo) publ(ico), c(larissimo) j(uveni), d(ecreto) d(ecurionum)*. Il est l'auteur d'un traité des fidéicommis en sept livres postérieur à l'avènement d'Hadrien et à la publication du livre 39 des *digesta* de Julien, qui peut avoir été écrit sous Antonin le Pieux, mais qui peut aussi l'avoir été sous Hadrien, car c'est seulement le livre 42 des *digesta* de Julien qui a été sûrement écrit sous Antonin le Pieux après le consulat de 148 (p. 35, n. 1). Il n'est pas plus certain qu'il ait, comme on l'a conjecturé, fait partie du conseil impérial sous Antonin le Pieux ; car, si on a corrigé les mots de la liste de la *Vita Pii*, 1, 2 : *Salvio Valente* en *Fulvio Valente* (Mommsen, *Gesammelte Schriften*, II, 134, 22) ou en *Salvio* Juliano, Fulvio *Valente* (ed. Peter) cela paraît d'autant moins justifié que Salvius Valens est connu par le Digeste comme destinataire d'un rescrit d'Antonin le Pieux (*D.*, 48, 2, 7, 2).

(3) Nous partons de la date la plus désavantageuse pour le raisonnement. Il est encore renforcé si, comme il n'est pas impossible, Hadrien a quitté Rome dès la fin de l'an 120 (p. 21, n. 3).

si bonne heure à la direction de l'école sabinienne. Mais il est de toute impossibilité que la nomination d'Aburnius Valens à la direction de cette école soit antérieure à l'an 121 ; en effet, on a depuis longtemps remarqué qu'en l'an 118, quand Aburnius Valens occupa la préfecture des fêtes latines avant d'exercer les fonctions de triumvir monétaire, ce devait être un tout jeune homme, presque un enfant, d'après les usages de son temps où les membres des grandes familles arrivaient au vigintivirat à moins de vingt ans (1) et étaient nommés à la préfecture des fêtes latines à peine pubères (2). Il est impossible que ce jeune homme (3), qui était préfet des fêtes latines avant d'être triumvir en 118, ait été appelé, moins de trois ans après, même avec le concours de Tuscianus, même avec le concours beaucoup plus douteux de Julien, à diriger l'une de ces grandes écoles à la tête desquelles s'étaient succédé depuis le début du Principat les jurisconsultes les plus illustres (4). L'impossibilité

(1) V. Mommsen, *Staatsrecht*, I, 572, 4 = tr. fr., II, 234, 3. Personnage mort à vingt ans et neuf mois après avoir revêtu le décemvirat : *C. I. L.*, VI, 1439. *Clarissimi juvenes IIIviri viarum curandarum* à vingt et vingt et un ans : *C. I. L.*, II, 112.

(2) V. Mommsen, *Staatsrecht*, I, 671, 2 et 4 = tr. fr., II, 351, 1 et 3. Plusieurs préfets impubères en 720 : Dion, 49, 42; un en 731 : Dion, 53, 3. Préfet nommé peu après avoir revêtu la toge civile qu'il avait prise avant l'âge de quinze ans : *Vita Marci*, 4.

(3) C'est K. Viertel, *Nova quaedam de vitis jurisconsultorum*, Koenigsberg, 1868, p. 32, qui a le premier remarqué que la préfecture des fêtes latines occupée par Aburnius Valens en 118 d'après l'inscription est la preuve qu'il était alors un tout jeune homme. V. depuis dans le même sens Mommsen, *Zeitschrift für Rechtsgeschichte*, IX, 1870, p. 90, n. 21 = *Ges. Schriften*, II, p. 13, n. 21; Karlowa, *Römische Rechtsgeschichte*, I, p. 710; Krueger, *Gesch. der Quellen*, p. 171, n. 67 = tr. fr., p. 228, n. 4; Fitting, *Alter und Folge*, p. 33, qui concluent tous qu'il doit être né vers l'an 100 ou même après l'an 100.

(4) Par contre coup, il est également impossible que Javolenus qui, suivant Pomponius, a été remplacé à la tête des Sabiniens par Aburnius Valens, soit mort, comme on répète toujours, sous Trajan ou un peu après l'avènement d'Hadrien. Cette idée, en faveur de laquelle M. Kornemann cite, p. 180, n. 8, une liste d'auteurs qu'il eut pu facilement allonger, s'appuie sur des vraisemblances tirées de ce que Javolenus, ayant été légat consulaire de Germanie supérieure en l'an 90 (*C. I. L.*, III, *Suppl.* 9960; p. 1965) et n'ayant d'ailleurs pas encore été consul en l'an 83 (Cagnat, *Année épigraphique*, 1894, n° 130) a nécessairement été consul entre l'an 83 et l'an 90, sans doute plus près de la première date que de la seconde; que par suite il avait au moins trente-trois ans et pro-

devient encore plus manifeste, si l'on remarque qu'il faudrait encore placer avant la fin de 121 tous les événements antérieurs à la codification de l'édit qui ont suivi celui-là sûrement ou probablement : probablement le remplaçement d'Aburnius Valens et de Tuscianus par Julien, sûrement la publication de l'histoire du droit de Pomponius. La nomination d'Aburnius doit encore avoir été singulièrement précoce pour que tout cela ait eu le temps d'être déjà accompli en 128. En 121, la place matérielle manque.

bablement beaucoup plus en 84 environ, date de son consulat, et il en aurait eu au moins soixante-six et probablement beaucoup plus en l'an 117 et que, d'après la durée moyenne de la vie humaine, il doit être mort vers cette époque. Mais nous avons la preuve que la durée de la vie de Javolenus a été supérieure, fort supérieure à la durée moyenne de la vie humaine, qu'il a vécu jusqu'à l'âge de soixante-quinze ou quatre-vingts ans peut-être ; car ce n'est qu'alors qu'il a pu être remplacé par Aburnius Valens dans la direction de l'école sabinienne, d'ailleurs infiniment plus compatible avec les forces et les commodités d'un vieillard illustre que le commandement d'une légion ou le gouvernement d'une province lointaine. La remarque mérite d'autant plus d'être faite ici que l'opinion courante selon laquelle Javolenus serait mort au plus tard vers l'avènement d'Hadrien a exercé une influence sur la conformation donnée à la biographie de Julien par beaucoup d'auteurs soucieux de lui permettre de profiter de l'enseignement de Javolenus. Les deux auteurs qui se sont occupés de cette biographie avec le plus de détails depuis la découverte de l'inscription et l'article de Mommsen, M. Kornemann, pp. 181-182, et M. de Francisci, pp. 450-451, fixent, principalement pour cette raison, en l'an 95 la naissance de cet homme qui était proconsul d'Afrique soixante-dix ans après sous Marc-Aurèle et L. Verus (M. Kornemann invoque en outre auparavant pour la placer au plus tard en l'an 100 deux autres considérations qui me paraissent elles-mêmes ne pas commander cette conclusion : à savoir que Julien a été sous Hadrien membre du conseil impérial et par conséquent, dit-il, du reste à tort à mon sens, p. 25, n. 1, doit avoir été préteur au plus tard à ce moment ; puis que le passage de l'inscription relatif à sa questure prouve qu'il était *persona grata* près du prince à raison de son savoir juridique dès le degré inférieur de sa carrière et dès un âge peu avancé). Et même, comme ils admettent tous deux que Julien a fait en qualité de préteur la codification qu'ils considèrent l'un et l'autre comme antérieure au sénatus-consulte Juventien de l'an 129, cela les conduit à décider qu'elle n'a pu être faite avant qu'il eût atteint l'âge requis pour la préture, qu'elle l'a été en 125 ou peu après, dit M. Kornemann, en 125-126, dit M. de Francisci. Seulement ils ne le prouvent ni l'un ni l'autre ; car il faudrait, pour que la date fût établie par ce raisonnement, qu'il fût démontré, d'une part, que Julien est né en l'an 95 et d'autre part qu'il a codifié l'édit en qualité de préteur. On vient de voir que le premier point n'est pas prouvé ; on va voir, à la note qui suit, que le second ne l'est pas davantage.

Il reste à montrer que la date de 125-128 ainsi obtenue est celle qui s'accorde le mieux avec la carrière de Julien.

On s'était autrefois beaucoup demandé à quel titre Julien avait rédigé l'édit, si c'était pendant sa préture, qu'il faudrait alors supposer avoir été la préture urbaine (1), ou à un autre

(1) Cette idée était peut-être la plus répandue avant la découverte de l'inscription de Souk-el-Abiod. Il n'est pas très surprenant qu'elle ait encore gardé depuis quelques partisans : M. Kornemann, p. 481, n. 7 ; M. de Francisci, p. 451. Il est plus singulier que ces auteurs ne semblent pas songer à l'hypothèse selon laquelle Julien aurait fait son œuvre en qualité de questeur du prince, qu'en particulier cette hypothèse soit seule omise par M. de Francisci qui en énumère trois comme possibles : celle où Julien aurait agi comme préteur, celle où il l'aurait fait sans être investi d'aucun droit, et celle où il l'aurait fait comme *praefectus aerarii*, et qui se prononce pour la première. Au fond, cette conjecture, en face de laquelle l'inscription en autorise une nouvelle infiniment plus plausible, n'a jamais beaucoup mérité sa fortune. Elle exigerait que Julien eût occupé la préture urbaine; or, on sait uniquement qu'il a été préteur et même, remarquons-le, c'est tout ce que l'on continue à savoir après la découverte de l'inscription de Souk-el-Abiod qui, toute détaillée qu'elle soit, ne spécifie pas sa préture et qui aurait eu double raison de le faire si, pendant l'occupation de cette préture, qui est toujours la plus respectée (Mommsen, *Staatsrecht*, II, 195, 4 = tr. fr., III, 224, 2), il avait accompli un acte historique aussi considérable que la codification de l'édit. Puis et surtout, elle contient en elle une sorte de contradiction. En effet, de deux choses l'une. Ou bien c'est Julien qui en qualité de préteur a spontanément, à son entrée en charge, rédigé un édit nouveau, qu'on suppose plus différent des précédents qu'il ne l'était en réalité, mais qui devait en être assez différent pour frapper l'attention; et alors, en admettant qu'il ait été dans le caractère de Julien de s'écarter ainsi des habitudes de discrétion des préteurs du Principat, de se permettre ce retour aux mœurs des magistrats de la République dont on ne connaît en dehors de là qu'un exemple, celui donné un siècle plus tôt par le célèbre opposant Cassius Longinus, préteur au plus tard en l'an 27 (*N. R. Hist.*, XXI, 1897, p. 266, n. 2), en admettant encore qu'au lieu de mal prendre la chose, l'ombrageux Hadrien en ait été ravi et ait demandé d'enthousiasme au Sénat d'inviter les préteurs postérieurs à reproduire sans y rien changer l'édit de Julien, on ne pourrait toujours pas dire, avec Justinien, que ce soit Hadrien qui ait fait la réforme. Ou bien, comme il est plus vraisemblable, c'est l'empereur qui, seul ou conseillé, a voulu que l'édit fût rédigé d'une certaine façon qui serait désormais immuable; et alors, il était plus simple pour lui de demander tout de suite au Sénat d'adresser cette invitation aux magistrats, en faisant au besoin rédiger le projet de sénatus-consulte par une personne compétente de son choix, que de demander d'abord au préteur urbain entrant d'une année de rédiger cet édit définitif et puis ensuite de demander au Sénat de l'imposer aux préteurs qui remplaceraient celui-là.

moment, en vertu d'un mandat spécial de l'empereur. Depuis que l'on sait qu'il a été l'un de ces questeurs attachés à la personne du prince dont l'attribution la plus saillante était de présenter au Sénat les propositions impériales (1) et qu'il a reçu une récompense extraordinaire pour le savoir qu'il montra dans ces fonctions, il y a tout lieu de penser que c'est en qualité de questeur du prince qu'il a non pas seulement présenté, mais rédigé la proposition soumise au Sénat par le prince sur le type d'édit à imposer aux préteurs futurs et que c'est pour ce travail technique exceptionnel qu'il a reçu une récompense extraordinaire (2). Mais, qu'on le considère comme ayant rédigé l'édit en qualité de questeur ou en qualité de préteur, la date qui s'accorde le mieux avec l'ensemble de sa carrière est celle de 125-128 et non pas celle de 118-121.

En effet, pour qu'il eût codifié l'édit en 121 au plus tard, il faudrait, en partant des âges de vingt-cinq et de trente ans re-

(1) V. sur ces questeurs, Th. Mommsen, *Staatsrecht*, II, 569-570 = tr. fr., IV, 272-273. On les considérait généralement, avant Mommsen, comme ayant eu pour attribution non seulement de présenter, mais de rédiger les *orationes principis*, ainsi qu'ont fait après eux les *quaestores sacri palatii* que l'on regardait comme en dérivant. V. par exemple Marquardt, dans Becker-Marquardt, *Handbuch der römischen Alterthümer*, III, 3, 1849, p. 258. On admet plutôt aujourd'hui, avec Mommsen, que les *quaestores palatii* ne viennent pas des *quaestores principis* et que la fonction des *quaestores principis* était uniquement de présenter des *orationes* rédigées en dehors d'eux. V. cependant pour le premier point O. Seeck, *Geschichte d. Untergangs d. römischen Welts*, II, 1901, p. 77, et pour les deux Madvig, *Verfassung d. römischen Staates*, I, 1881, p. 562 = tr. fr. II, 1883, p. 293. Mais naturellement cela n'empêcherait pas en tout cas, que le questeur, qui devait de par ses fonctions déposer l'*oratio*, pût être chargé par le prince de la rédiger.

(2) Cette idée, à laquelle avaient peut-être déjà songé sans la formuler explicitement M. Gauckler, p. 371, et Mommsen, *Ges. Schriften*, p. 3, n. 7, a été expressément adoptée par M. Boulard, pp. 46-47. On remarquera qu'elle concilie merveilleusement les deux versions qui attribuent la réforme l'une à Julien et l'autre à Hadrien assisté de Julien. Comme toutes les propositions portées au Sénat par les questeurs du prince, la proposition relative à l'édit était officiellement l'œuvre de l'empereur : et c'est ce que dit Justinien dans la constitution Δέδωκεν (p. 5, n. 2). Mais elle a été, par suite de son caractère technique, non seulement présentée, mais rédigée par le questeur Julien : et c'est ce que dit Eutrope dans son bréviaire (p. 5, n. 2) comme du reste Justinien lui-même dans un autre texte (*C.*, 4, 5, 10, 1 : p. 5, n. 2).

quis sous le Principat pour l'occupation de la questure et de la préture (1), que cet homme, qui a été consul en 148 et qui ne peut guère avoir été proconsul d'Afrique avant les environs de l'an 164 (2), fut né au plus tard vers l'an 96, s'il avait agi

(1) Plus précisément, le personnage doit être au moment de son entrée en charge dans sa 25e année pour occuper la questure et dans la 30e pour occuper la préture, par conséquent être né au plus tard le 5 décembre 96 pour pouvoir être l'un des questeurs de 120-121 entrant le 5 décembre 120 et sortant le 4 décembre 121, être né au plus tard le 1er janvier 92 pour pouvoir être l'un des préteurs entrant en charge le 1er janvier 121, donc, en négligeant la petite complication relative aux naissances du 1er janvier pour la préture et des 5-31 décembre pour la questure, être né en 96 pour être questeur en 121 et en 91 pour être préteur la même année. V. Mommsen, *Staatsrecht*, I, 573-574 = tr. fr., II, 235-236, pour les limites d'âge et I, 606 = tr. fr., II, 235-236, pour la date spéciale d'entrée en charge des questeurs.

(2) C'est l'opinion commune. V. Gauckler, p. 373, n. 1 ; Cantarelli, p. 137; Boulard, p. 13; Kornemann, p. 180, n. 9 ; de Francisci, p. 459. Mais elle s'appuie sur des raisons qui n'ont pas toujours été indiquées complètement ni correctement. Julien ne peut d'abord avoir été proconsul d'Afrique qu'une ou plusieurs années après le 7 mars 161, date de l'avènement de Marc-Aurèle et L. Verus, puisqu'il exerça auparavant sous leur règne en Espagne citérieure les fonctions de légat impérial dont la durée était indéterminée au lieu d'être annale comme celle des gouvernements de provinces sénatoriales, mais pratiquement était plus longue et non plus courte (Mommsen, *Staatsrecht*, II, 259, 4 = tr. fr., III, 398, 1) de trois à cinq ans, dit Dion, 52, 53. Ensuite, une raison plus directe assez forte de reculer le proconsulat d'Afrique de Julien aux environs de l'an 164 est fournie non pas seulement, comme on a dit, par un proconsulat d'Afrique, mais par deux qui l'ont à peu près sûrement précédé. Le premier est celui de M. Cornelius Salvidienus Scipio Orfitus, *cos.* 149, celui-là même dont on a voulu faire, en partant de l'*Epitome legum* de 920 (p. 5, n. 2), le collaborateur de Julien dans la rédaction de l'édit : Salvidienus a occupé le proconsulat d'Afrique, qui commençait normalement le 1er juillet d'une année pour finir le 30 juin de l'année suivante, ou en 162-163 ou en 163-164, d'après une inscription dédiée sous son proconsulat (*C. I. L.*, VIII, 24 et *Suppl.*, 10099), qui se place après le commencement de 163, car elle donne le titre d'*Armeniacus* à L. Verus qui le reçut en 163, et avant la fin de 164, car elle ne le donne pas à Marc-Aurèle qui le reçut en 164 (en 162-163, d'après MM. Clément Pallu de Lessert, *Fastes des provinces africaines*, I, 1896, pp. 208-209; Gauckler, p. 373, n. 1; Boulard, p. 17, n. 5; De Francisci, p. 459, n. 5 ; en 163-164, d'après Klebs, *Prosopographia*, I, p. 464, n° 1184 ; Kornemann, *Klio*, p. 180, n. 9 ; en 162-163 ou 163-164, d'après Stein, dans Pauly-Wissowa, v° *Cornelius*, n° 362, VI, 1, 1900, p. 1508). Le second a été révélé plus récemment par une inscription qui a été publiée par M. Cagnat, *Festschrift*

en qualité de questeur et vers 91, s'il avait agi en qualité de préteur, ce qui le ferait avoir été proconsul à soixante-huit ans dans la première doctrine et à soixante-treize dans la seconde et avoir attendu le consulat dix-neuf ans de plus que l'âge légal dans l'une, vingt-quatre dans l'autre.

Les choses iraient déjà moins mal en supposant que Julien ait fait la réforme en 125-128, même en qualité de préteur. Elles vont tout à fait bien en admettant qu'il l'a faite alors en qualité de questeur; car, d'une part, il lui suffit, pour avoir été questeur en 128, d'être né aux environs de l'an 103 et cela ne lui donne que soixante et un ans au moment de son proconsulat d'Afrique et, d'autre part, le ralentissement de sa carrière politique entre la questure et le consulat qui est indéniable et qui peut avoir été occasionné soit par ses travaux de cabinet (1), soit par la succession d'Antonin le Pieux à Hadrien,

für Hirschfeld, 1903, pp. 67-69, mais qui n'a pas encore été invoquée par les biographes de Julien, pas même par M. Kornemann en 1906, ni par M. de Francisci en 1908. C'est Q. Voconius Saxa Fidus qui occupa le proconsulat d'Afrique, en 162, entre le 10 décembre 161 et le 9 décembre 162 d'après les puissances tribuniciennes attribuées aux deux empereurs par l'inscription, donc en 161-162 ou en 162-163. Même combinées, les deux inscriptions ne prouvent pas matériellement que Salvius Julien n'ait pas pu être proconsul avant 163 ou 164, comme on l'a affirmé encore plus gratuitement en n'invoquant que celle de Salvidienus; car il ne serait pas impossible que Voconius Saxa eût été proconsul en 161-162, Salvidienus en 163-164 et Julien entre les deux en 162-163. Mais il faudrait pour cela à la fois que le proconsulat de Salvidienus se plaçât en 163-164, et non en 162-163; que celui de Voconius Saxa se plaçât en 161-162 et non en 162-163; que Julien eût occupé sa légation d'Espagne dès le début du règne de Marc-Aurèle et L. Verus; enfin qu'il l'eût, contrairement à l'usage, gardée assez peu de temps pour être disponible pour l'attribution des provinces proconsulaires à occuper à partir du 1er juillet 162 (faite alors probablement dès le 13 avril; v. Mommsen, *Staatsrecht*, II, 256, 1 = tr. fr., III, 294, 3) : quatre conditions indispensables dont pas une n'est établie. Cela rend infiniment probable que le proconsulat de Julien se place au plus tôt en 163-164 ou en 164-165.

(1) Seulement, il ne faudrait pas alors entendre exclusivement cette activité théorique de la confection des *digesta* comme fait par ex. M. Kornemann, p. 181, n. 7; car c'est au contraire dans la période où sa nomination au consulat a rouvert sa carrière administrative et où il a, dans la seconde partie du règne d'Antonin le Pieux, occupé en douze ans la *cura aedium sacrarum* annale et un gouvernement de province impériale de durée indéterminée, qu'il a écrit les livres des *digesta* le plus nombreux et qu'il l'a fait le plus rapidement. Il en a écrit alors les quarante-neuf derniers livres en douze ans au plus, le livre

ne retarde alors cependant son consulat que de douze ans sur l'âge légal (1).

42 étant postérieur à son consulat de 148 et le livre 90 antérieur à l'avènement de Marc-Aurèle et L. Verus en 161. Au contraire, il en a tout au plus écrit trente-cinq et peut-être beaucoup moins, dans les dix-neuf ans qui séparent l'an 129, date du sénatus-consulte Juventien, avant lequel il avait écrit le livre 6, et l'an 148, date de son consulat, où il n'avait pas écrit le livre 42.

(1) C'est peut-être ici le lieu de résumer rapidement les conséquences qui résultent de tout cela pour la chronologie de la vie de Julien. En laissant de côté son pontificat pour lequel aucune date ne peut être proposée, les sacerdoces étant dans l'inscription de Souk-el-Abiod, p. 23, n. 3, évidemment rassemblés après le consulat en dehors de tout ordre chronologique (v. Mommsen, *Gesammelte Schr.*, p. 4; en sens contraire de Francisci, p. 458) on peut donner, croyons-nous, de sa carrière le schéma suivant : naît au plus tard en 103, à cause de la date de sa questure, peut-être en Afrique ou d'une famille d'origine africaine, à cause du patronat attesté par l'inscription, p. 23, n. 3; étudie le droit sous Javolenus (*D.*, 40, 2, 5 : p. 25, n. 1); va en Égypte, avant ou après, mais sous Hadrien et avant d'écrire ses *libri ad Urseium* (p. 25, n. 1) soit après 117 et avant 128; écrit ses *libri ad Urseium* (et probablement, comme pense Fitting, p. 24, ses autres œuvres de jeunesse, *libri ad Minicium*, *liber de ambiguitatibus*) après l'avènement d'Hadrien (texte cité p. 25, n. 1) et probablement, pour les raisons dites par Fitting, avant de rédiger ses *digesta* et de codifier l'édit, soit après 117 et avant 128; est nommé *decemvir (litibus judicandis)* (p. 23, n. 3) et directeur de l'école sabinienne (p. 27, n. 2) à des dates incertaines, mais avant sa questure et la codification de l'édit, donc avant 128; est nommé membre du conseil impérial (p. 25, n. 1) à une date indécise du règne d'Hadrien, donc entre 117 et 138; est *quaestor imperatoris Hadriani* (p. 23, n. 3) et codifie l'édit en cette qualité entre 125 et 128 (p. 23 et ss.); écrit les livres 1-6 de ses *digesta* après 125, puisqu'il y suit le plan de l'édit nouveau (p. 12 et ss.) et avant 129, puisqu'il n'y connaît pas le sénatus-consulte Juventien (p. 11, n. 2); est *tribunus plebis* (p. 23, n. 3) au plus tôt en 127, à cause de l'intervalle d'un peu plus d'un an requis entre la questure qu'il occupa au plus tôt en 125 et le tribunat (Mommsen, *Staatsrecht*, I, 535-536 = tr. fr., II, 190-191), au plus tard en 138, à cause de l'intervalle symétrique requis entre le tribunat et la préture (Mommsen, *loc. cit.*), puisqu'il fut préteur au plus tard en 141; *praetor* (inscription, p. 23, n. 3; *D.*, 40, 2, 5, p. 25, n. 1) au plus tôt en 129, à cause de son tribunat, et au plus tard, en 141 à cause des six années occupées avant son consulat par ses deux préfectures triennales; *praefectus aerarii Saturni* (p. 23, n. 3), pendant trois ans au moins (Mommsen, *Staatsrecht*, II, 559, 5 = tr. fr., IV, 261, 2), une première année au plus tôt en 130, au plus tard en 142, une seconde au plus tôt en 131, au plus tard en 143, une troisième au plus tôt en 132, au plus tard en 144, *praefectus aerarii militaris* (p. 23, n. 3), pendant trois ans au moins

J'ajouterai même que l'attribution de la réforme à la questure du prince occupée par Julien entre 125 et 128 serait de nature à suggérer de nouvelles conclusions qui restreindraient encore l'incertitude de la date de l'événement en même temps qu'elles mettraient dans la biographie de Julien un peu plus de précision chronologique.

La récompense accordée à Julien a été le doublement du salaire de sa questure. Ce salaire attribué à un magistrat de la première moitié du second siècle de l'ère chrétienne est peut-être la particularité la plus singulière de l'inscription. C'est assurément celle qui a été le moins éclaircie. Mommsen signale le fait comme entièrement nouveau ; M. Kornemann, qui renvoie à Mommsen, dit que c'est sans doute là une des innovations administratives d'Hadrien (1). Mais il me semble difficile

(Mommsen, *Staatsrecht*, II, 1011 = tr. fr., V, 306), une première année au plus tôt en 133 et au plus tard en 145, une seconde au plus tôt en 134 et au plus tard en 146, une troisième au plus tôt en 135 et au plus tard en 147 ; écrit les livres 7-27 de ses *digesta* entre 125, parce qu'ils sont postérieurs à l'édit, et 138, parce qu'ils sont antérieurs à la mort d'Hadrien (p. 25, n. 1); écrit les livres 28-41 entre 125, pour la même raison et 161, parce que le livre 90 a été écrit sous Antonin le Pieux ; est fait *sodalis Hadrianalis* (p. 23, n. 3) au plus tôt à la fin de 138 ; *consul* (inscription : p. 23, n. 3 ; *D.*, 40, 2, 5 : p. 25, n. 1) en 148 (cf. p. 24, n. 1) ; écrit les livres 42-90 des *digesta* entre 148, car le livre 42 connaît son consulat, et 161, car le livre 90 est écrit sous Antonin le Pieux (p. 25, n. 1) ; est *curator aedium* (p. 23, n. 3) en 150 (*C. I. L.*, VI, 855) ; *legatus Germaniae inferioris* sous Antonin le Pieux (p. 23, n. 3) entre 151 et 161 ; est nommé *sodalis Antoninianus* (p. 23, n. 3) au plus tôt en 161 ; *legatus Hispaniae citerioris* sous Marc-Aurèle et L. Verus (p. 23, n. 3) au plus tôt donc à partir de 161, au plus tard jusqu'à 168 à cause de son proconsulat; *proconsul provinciae Africae* au plus tôt le 1er juillet 163 (p. 33, n. 2), au plus tard le 1er juillet 168, car L. Verus est déjà mort le 1er juillet 169 ; mort après 163, à cause de son proconsulat, peut-être avant 169, sans qu'on en ait de preuves absolument sûres (p. 25, n. 1) ; ne paraît pas avoir eu ensuite le temps d'occuper le second consulat et la préfecture de la ville qui lui sont attribués exclusivement par la *Vita Didii Juliani*, ni, pensons-nous avec Kornemann, avoir pu être lié au même Didius Julianus né d'après Dion, 72, 3, 17, le 29 janvier 133, pas plus par la généalogie de la *vita*, qui le fait son bisaïeul, que par celle d'Eutrope, qui le fait son aïeul ; semble au contraire avoir été le père du consul de 175, P. Salvius Julianus avec lequel il a été plus tard confondu parfois (p. 5, n. 2).

(1) Mommsen, *Gesamm. Schrift.*, p. 3, n. 6. Kornemann, p. 181, n. 1. V. aussi Fitting, p. 23.

que, comme ils paraissent admettre tous deux (1), un traitement en forme ait été payé sous Hadrien à des magistrats du peuple tels que les questeurs et encore plus difficile que, si une nouveauté si frappante avait existé dès cette époque, nous n'en ayons aucun autre vestige dans les sources ni alors ni depuis.

Il y aurait de l'inscription une interprétation moins surprenante. Ce serait d'entendre le texte non pas d'un de ces traitements que n'ont jamais touchés les magistrats du peuple, mais de l'allocation exceptionnelle, désignée précisément du nom de *salarium*, qui était attribuée aux personnages employés au service de l'État hors de Rome, que ce fussent des gouverneurs, des questeurs ou de simples compagnons de magistrats (2),

(1) Au moins au texte. En note, Mommsen remarque que les membres du conseil impérial reçoivent un traitement et que Julien appartenait sous Hadrien à ce conseil (*Vita*, 17, 1, p. 25, n. 1). Mais l'inscription parle d'un salaire de questeur et non de conseiller, et la confusion serait d'autant plus singulière que l'acquisition de la questure fait, tout au moins pour l'avenir, disparaître le salaire de conseiller en faisant passer son titulaire du cercle des conseillers payés de rang équestre dans celui des conseillers sénateurs non payés. V. sur cette différence Mommsen, *Römisches Staatsrecht*, II, 990 = tr. fr., V, 232.

(2) Le nom de *salarium*, qui, sous la République, était réservé aux gratifications accordées par le gouverneur à sa suite, *comites*, questeurs, légats, par opposition à leurs *cibaria* (Mommsen, *Staatsrecht*, I, 299-300 = tr. fr., I, 342-343), désigne, sous le Principat, les allocations exceptionnelles ainsi attribuées à tous les personnages occupés au dehors, aussi bien au gouverneur lui-même (Tacite, *Agricola*, 42; v. Mommsen, I, 308, 8 = tr. fr., I, 346, 2) qu'à ses questeurs et à ses compagnons (Mommsen, I, 304 = tr. fr., I, 347). Mais cela n'a pas changé le caractère propre de cette allocation attribuée à titre exceptionnel à des services rendus à l'Etat hors de Rome, même par des magistrats, à la différence des traitements réguliers payés même à Rome aux fonctionnaires de rang équestre, qui est exprimé par son nom même de *salarium* (v. Mommsen, *Staatsrecht*, I, 304, 1 = tr. fr., I, 349, 2) et que Mommsen souligne à plusieurs reprises (*Staatsrecht*, I, 304, 1. II, 936, 1 = tr. fr. I, 349, 2. V, 221, 2). A la vérité, le montant en est désormais fixé pour les gouverneurs sénatoriaux et leurs questeurs, dont le temps de séjour hors de Rome est déterminé par la durée annale de leurs fonctions, et il doit avoir eu un montant plus variable pour les questeurs du prince, dont le service hors de Rome peut se présenter ou ne pas se présenter, et, quand il se présente, durer plus ou moins longtemps. Mais il pouvait pareillement se rencontrer des inégalités donnant lieu à des calculs symétriques, par exemple pour les légats des provinces impériales, toutes les fois que leur légation de

et qui n'a pas dû être plus refusée aux questeurs du prince qu'aux autres questeurs, quand leurs fonctions les amenaient à quitter la capitale(1). Il suffit alors, pour que Julien ait eu à toucher ces frais de déplacement, qu'il ait accompagné Hadrien hors de Rome pendant l'année de sa questure et, pour qu'il ait eu occasion d'en mériter le doublement par la rédaction de l'édit, que l'empereur et lui aient été à Rome pendant une autre partie de la même année. Et cette interprétation ouvrirait à son tour une voie facile aux recherches conjecturales sur l'année précise où Julien aurait pu faire le plus vraisemblablement les deux choses entre l'an 125 et l'an 128 (2). Mais

temps indéterminé ne durait pas juste une année, par exemple aussi pour les compagnons des gouverneurs qui peuvent dans certains cas n'avoir droit qu'à une partie de leur traitement annuel (cf. Papinien, *D.*, 1, 22, 4. Ulpien, *D.*, 19, 2, 19, 10). Les calculs n'ont pas été plus difficiles pour les questeurs du prince qui, comme les questeurs des gouverneurs des provinces sénatoriales, dérivent des questeurs des proconsuls de la République (Mommsen, *Staatsrecht*, II, 570 = tr. fr., IV, 273) et qui ont dû conserver, comme eux, au cas où ils s'absentaient de Rome, les émoluments alloués en cas d'absence aux questeurs des proconsuls.

(1) A la vérité, cette explication deviendrait impossible, si les questeurs du prince devaient nécessairement rester à Rome, comme paraît le penser Mommsen, *Ges. Schrift.*, II, p. 3; mais il dit au contraire, *Staatsrecht*, II, 569 = tr. fr., IV, 272, qu'ils sont où se trouve l'empereur, et c'est au *Staatsrecht* qu'il a raison : à preuve le futur empereur Hadrien qui, étant questeur du prince sous Trajan en l'an 101 (*Vita*, 3, 1; *C. I. L.*, III, 550), lut des *orationes principis* au sénat en cette qualité (*Vita*, 3, 1), mais accompagna tout de même aussi Trajan en Dacie pendant sa questure et non après (*C. I. L.*, III, 550 : *Quaestori imperatoris Trajani et comiti expeditionis Dacicae*, qui corrige l'inexactitude de la *Vita*, 3, 2). On pourrait même se demander si ce n'est pas à son *salarium* de questeur employé hors de Rome que se rapporte le passage de la *Vita* selon lequel il fut *a Trajano locupletissime muneratus* et que l'on rapporte d'ordinaire aux dons militaires mentionnés par l'inscription (*donis militaribus ab eo donatus bis*).

(2) On pourrait songer à l'an 125, où Julien, entré dans les fonctions de questeur du prince le 5 décembre 124 à un moment où Hadrien était en Grèce, aurait pu suivre l'empereur en 125 dans ses voyages de Grèce et son retour par la Sicile (v. Weber, pp. 184-198), serait rentré avec lui à Rome avant septembre 125 (p. 21, n. 4) et aurait fait la codification avant le 4 décembre 125; seulement le temps serait peut-être un peu bref entre le retour à Rome attesté seulement en septembre et la sortie de charge des questeurs du 4 décembre pour la confection du nouvel édit, sa proposition au Sénat et son homologation par celui-ci; ensuite, s'il faut appliquer aux questeurs impériaux les règles de comptabilité sui-

je ne veux pas affaiblir par des hypothèses forcément incertaines les certitudes que je crois avoir rassemblées sur une matière où l'on s'est trop contenté de vraisemblances (1).

vies pour les questeurs des gouverneurs, le montant de la créance de Julien aurait dû être déclaré à l'Aerarium au moment de la rentrée du prince à Rome, donc avant les faits qui en auraient motivé le doublement. Ces objections ne se présenteraient pas pour l'année 128 où Julien, entré en charge le 5 décembre 127, aurait pu faire la codification dans les premiers mois de l'année 128 et acquérir des droits au *salarium* à doubler en accompagnant l'empereur en Afrique en juillet et même en partant avec lui pour la Grèce en automne avant de sortir de charge, le 4 décembre. Seulement il ne resterait pas alors, entre son entrée en charge en décembre 127 et le vote du sénatus-consulte Juventien en mai 129, énormément d'espace pour toute la littérature qui se place dans l'intervalle : les six premiers livres des *digesta* de Julien, les *libri ad Sabinum* de Pomponius et même, à mon avis, les *digesta* de Celse qui me semblent postérieurs à la codification et antérieurs aux *libri ad Sabinum* de Pomponius. Pour ne rien dire de l'an 126 sur lequel on ne sait rien, je pencherais plutôt pour l'année 127 où Hadrien est sûrement à Rome en février et mars (p. 22, n. 2) et où il y a des indices relevés par M. Weber, pp. 199-200, qu'il a voyagé en Italie. Et naturellement cette assignation restreindrait un peu les intervalles entre lesquels s'enferment les magistratures occupées par Julien entre la questure et le consulat, intervalles qui seraient à la vérité encore bien plus étroitement resserrés si on plaçait par exemple toutes ces magistratures sous Hadrien en soutenant que le ralentissement de la carrière de Julien, ne tenant pas à l'occupation que lui a donnée la rédaction des *digesta* (p. 34, n. 1), vient nécessairement de la défaveur dont il a dû être l'objet dans la première partie du règne d'Antonin le Pieux. Mais il est trop visible que ce serait seulement par des conjectures de plus en plus fragiles et arbitraires qu'on arriverait ainsi à l'apparence d'une précision plus grande.

(1) Puisque la réforme a été placée par conjecture dans toutes les périodes du règne d'Hadrien (p. 9, n. 4), on a forcément déjà proposé des dates plus ou moins voisines de celles que nous croyons avoir établies. M. Seckel dans son excellente refonte du *Handlexikon* de Heumann a proposé 127-128, M. Kornemann 125 ou une des années suivantes, M. de Francisci 125-126; mais M. Seckel, dont le plan excluait tout développement, l'a fait sans donner de raison, M. Kornemann et M. de Francisci en en donnant qui ne me semblent pas bonnes et en rattachant le fait à la préture de Julien (p. 29, n. 5). Aucun d'entre eux, pas plus que personne à ma connaissance, n'a encore invoqué les deux arguments tirés de la présence d'Hadrien à Rome au moment de la réforme et de la nomination avant ce moment d'Aburnius Valens à la direction de l'école des Sabiniens, qui me paraissent les deux termes essentiels. Le seul auteur qui ait pensé, sans d'ailleurs invoquer la constitution Δέδωκεν, qu'Hadrien avait dû être à Rome au moment de la codification, est celui qui place cette codification à la date la plus éloignée de la nôtre. C'est M. Boulard qui la met en 135-138.

Je me borne donc à dire que la codification de l'édit me paraît avoir été faite avant l'an 129, à cause du sénatus-consulte Juventien, — entre 118 et 121 ou entre 125 ou 128, parce que ce sont les seules périodes du règne d'Hadrien où l'empereur ait été à Rome avant 129, — enfin entre 125 et 128 et non pas entre 118 et 121, parce que c'est seulement après l'an 121 qu'Aburnius Valens peut avoir occupé cette direction de l'école des Sabiniens dans laquelle Julien fut son collègue ou son successeur avant de procéder à la rédaction de l'édit.

P. F. GIRARD.

BAR-LE-DUC. — IMPRIMERIE CONTANT-LAGUERRE.

www.ingramcontent.com/pod-product-compliance
Ingram Content Group UK Ltd.
Pitfield, Milton Keynes, MK11 3LW, UK
UKHW020411220726
13923UKWH00004B/1872